Johannes Pausch/Gert Böhm

Auch schwarze Schafe können beten

HERDER spektrum

Band 6319

Das Buch

Vielen Menschen steht beim Versuch zu beten eine zu große Erwartungshaltung im Weg. Sie denken: Wenn ich bete, dann muss sich eine bestimmte »Gotteserfahrung« unmittelbar einstellen. Doch das ist eine Utopie: Im Gebet erlebt sich der Mensch erst einmal selbst, aber auch in seinen Beziehungen zu anderen und zu Gott. Gott im Gebet zu erfahren muss nicht immer die Erfahrung von Nähe sein, sondern umschließt auch die Ferne, Gemeinschaft ebenso wie Einsamkeit, Trauer wie Hoffnung, sowohl Ängste wie auch Glück. Beten ist eine Einübung, die das Leben durchzieht, sodass das Leben zum Gebet werden kann. Ein Mönch, der so viele Aufgaben im Kloster zu verrichten hatte, dass er oft beim gemeinsamen Gebet fehlte, wurde gefragt: »Und wann betest du?« Er antwortete: »Immer.« Und fügte hinzu: »Und auch zwischendurch …«
Dieses Buch ist eine Einladung an alle, die spüren, dass ohne Gebet ihrem Leben etwas fehlt, und die Sehnsucht haben, daran etwas zu ändern …

Die Autoren

Dr. Johannes Pausch OSB, geb. 1949, ist Benediktinermönch und Psychotherapeut. Er leitet das von ihm gegründete Europakloster Gut Aich in St. Gilgen/Österreich. Pater Johannes Pausch ist ein erfolgreicher Autor und gefragter Kursleiter.
Gert Böhm, geb. 1940, war Geschäftsführer eines Zeitungsverlags und lebt heute als freier Journalist. Zusammen mit Pater Johannes Pausch veröffentlicht er zu Spiritualität und Gesundheit.

Johannes Pausch/Gert Böhm

Auch schwarze Schafe können beten

Für alle, die nicht an Gott glauben und dennoch mit ihm sprechen wollen

HERDER

FREIBURG · BASEL · WIEN

www.herder.de

Umschlagkonzeption:
Agentur R·M·E Roland Eschlbeck
Umschlaggestaltung:
Verlag Herder
Umschlagmotiv:
© F1 online

Herstellung:
fgb · freiburger graphische betriebe
www.fgb.de

Gedruckt auf umweltfreundlichem,
chlorfrei gebleichtem Papier
Printed in Germany
ISBN 978-3-451-06319-0

Inhalt

(K)ein Vorwort (zum Gebet)

Ein Gebet hat kein Vorwort. Entweder es ist ein Gebet oder es ist keines – und deshalb dürfte dieses Buch, bei dem es um das Beten geht, auch kein Vorwort haben. Meistens sind Vorworte langweilig. Sie fassen zusammen, was im Buch steht oder auch, was nicht drinnen steht. Vorworte sind manchmal wie Rechtfertigungen dessen, was da geschrieben worden ist. Der Inhalt dieses Buches braucht keine Rechtfertigung – es sind Lebensgeschichten und Gedanken, die mit Menschen geschehen können, wenn sie hellhörig und aufmerksam ihr Leben zu gestalten versuchen. Das Leben selbst schreibt die Gebete, und das Leben selbst formt die Betenden. Stellen Sie sich vor, dass Sie anfangen zu beten, und bevor Sie beginnen, machen Sie eine lange Vorrede – etwa so: »Lieber Gott, du weißt, was ich heute alles am Hals hatte. Meine Frau hat mich geärgert, die Kinder sind ungezogen und ich bin völlig fertig mit den Nerven. Es ist deshalb heute wirklich schwierig zu beten, obwohl ich glaube, dass es sinnvoll wäre, es zu tun. Doch mir schwirren viele Gedanken durch den Kopf. Ich weiß nicht, ob ich aufmerksam genug bin für die Menschen um mich herum, und ich weiß auch nicht, ob ich jetzt aufmerksam genug für dich bin. Da fällt mir ein: Ich sollte Tante Katharina noch anrufen, denn sie hat heute Geburtstag. Aber das kann noch warten bis morgen, weil ja das Gebet heute noch einmal ganz wichtig ist. Und wenn ich es nicht so schaffe, wie ich es gerne möchte, dann habe Nachsehen mit mir, denn ich komme mir nicht besonders gut vor. Ich fühle mich wie ein schwarzes Schaf …«

So kann es natürlich noch einige Zeilen weitergehen.

Das ist kein Vorwort zum Gebet. Es ist bereits ein Gebet, ob ich es so nenne oder nicht. Ich brauche mich vor Gott weder für meine gescheiten noch für meine dummen Gedanken zu rechtfertigen. Ich kann vor ihm stehen, so wie ich wirklich bin. Ich darf ihm alle meine Erfahrungen mitteilen, ob sie mir passend erscheinen oder nicht.

Vielleicht ist es aber doch wichtig zu sagen, dass ich dieses Buch nicht als Gebetbuch geschrieben habe, sondern aus der Fülle von Lebenserfahrungen einige Sternstunden ausgewählt habe, die mir für mein Leben viel bedeuten. Ich möchte Sie ermutigen, dass Sie selbst auf Ihre Lebenserfahrungen schauen und Ihr ganzes Leben und Ihre Erfahrungen als ein Gebet sehen können.

Und dann ist da auch noch die Geschichte mit den schwarzen Schafen. Wahrscheinlich werden viele sagen, dass sie selbst kein schwarzes Schaf sind oder dass nicht klar ist, was schwarze und weiße Schafe sind. Ich glaube, dass es nicht möglich ist, zwischen schwarzen und weißen Schafen, zwischen guten und schlechten Gebeten zu unterscheiden. Im Wesentlichen geht es immer um Schafe und um das Gebet. Die Bewertung, ob etwas gut oder schlecht oder schwarz oder weiß ist, entsteht meistens durch unsere Lebenserfahrungen oder durch die getönte Brille, mit der wir uns selbst und andere betrachten.

Dieses Buch ist sicherlich kein Buch für Menschen, die schon wissen, wie man betet. Auch für jene, die ein ordentliches Gebetbuch mit Anweisungen und Texten erwarten, wird es vermutlich schwierig sein, das Buch in Ruhe und Aufmerksamkeit zu lesen – für sie gibt es brauchbarere Bücher.

Was ist also nötig, um dieses Buch vernünftig zu lesen? Vor allem ein aufmerksames und offenes Herz und ein wenig Zeit, um die Erfahrungen, die in diesem Buch geschildert werden, zu hören und sie ins eigene Leben zu übersetzen.

Wenn Sie mit der einen oder anderen Geschichte nichts anfangen können, dann überblättern Sie diese. Nur eine Bitte habe ich dabei: Ärgern Sie sich nicht darüber. Es war nicht mein Anliegen, Sie zu verärgern oder zu verwirren, sondern in den vielfachen Mühen und Wirrnissen des Lebens ein paar Wegweiser zu finden, die ein Leben mit Gott mehr und mehr ermöglichen.

Und doch interessiert mich natürlich, was Sie mit den Gedanken und Erfahrungen dieses Buches machen. Es ist ja nicht einfach, Lebenserfahrung mit andern zu teilen, ohne zu wissen, ob die Worte und Gedanken auch wirklich »ankommen«.

Auf einer Reise durch die Türkei schlenderte ich einmal durch den Bazar von Istanbul und stieß auf einen alten Derwisch, der Geschichten erzählte. Es war faszinierend, ihm zuzuhören – und noch beeindruckender war es für mich, die Zuhörer zu beobachten. Sie hingen mit ihren Augen und Ohren an diesem Geschichtenerzähler. Die Zuhörergemeinde war groß, und seine packenden und ergreifenden Geschichten, die voller Freude und Trauer, voll Hoffnung und Zweifel waren, die andere zum Lachen und zum Weinen brachten, die ihr Herz bewegten – diese Geschichten ergriffen auch mich. Er traf immer den Nagel auf den Kopf. Das spiegelte sich nicht nur in seinen Augen, sondern auch in den Körpern der Zuhörer.

Vieles von dem, was er erzählte, verstand ich nicht. Trotzdem ging ich immer wieder beglückt weg – vor allem auch deshalb, weil der alte Derwisch sich nach jeder Geschichte vor seinen Zuhörern bis auf den Boden neigte, ein wenig innehielt, sich dann wieder aufrichtete und sich ein zweites und ein drittes Mal verneigte. Nach einiger Zeit gelang es mir, mich mit ihm anzufreunden. Als er sich wieder einmal nach einer Geschichte vor seinen Zuhörern bis zum Boden verneigte, fragte ich ihn: »Warum verneigst du dich nach jeder Geschichte vor den Zuhörern?«

Der alte Derwisch antwortete mir: »Was wären meine Geschichten ohne eure Ohren und ohne eure Herzen?«

Was wäre mein Leben ohne die Ohren und die Herzen von Menschen, die mir zuhören? Was wäre das Buch ohne seine Leserinnen und Leser? Was wäre mein Leben, wenn ich mich niemandem zuneigen könnte oder sich mir niemand zuneigte? Was wäre mein Leben, ohne dass Gott mir zuhört, ohne dass er sich mir zuneigt?

Zuneigung ist ein Zeichen der Liebe und der Verehrung. Sie gibt mir und anderen Leben.

Deshalb möchte ich mich heute vor Ihnen, die Sie dieses Buch in die Hand nehmen, verneigen, weil Sie mir begegnen und mir zuhören, ohne dass ich Sie kenne. Ich möchte mich aber auch vor Gott verneigen, der uns immer und zu allen Zeiten zugeneigt ist. Immer, wenn ich mich jemandem zuneige, neige ich mich mir selbst zu und achte auf die Bewegungen meines Herzens. So werden Zuneigung und Liebe zum anderen ein Weg, mich selbst ernst zu nehmen und zu achten. Und während ich all dies tue, handle ich wohl so, wie Gott auch handelt. Denn er neigt sich mir und uns allen zu und gibt uns dadurch Leben. Ich möchte mich Ihnen also zuneigen und hoffe, dass Sie das gleiche tun können, denn dann wird es einen Weg geben, auf dem wir uns verstehen können.

Ich verneige mich heute auch vor den Menschen, die mir das Leben geschenkt und die mich beten gelehrt haben. Vor allem verneige ich mich vor denen, die mich gelehrt haben, hellhörig zu sein auf das Leben, es mit allen kleinen Dingen zu achten und die Bewegungen des Lebens wahrzunehmen, auch wenn sie noch so schmerzhaft und schwierig sind.

Und ich möchte mich vor all den Menschen verneigen, die immer wieder in unser Kloster kommen, um mit uns zu sprechen und zu beten. Vor allem meinen Brüdern im Kloster Gut Aich danke ich, weil sie mit mir gemeinsam den Weg der Gottsuche gehen. So wird also aus diesem Vorwort wahrscheinlich die einzige Form, die verantwortbar und vertretbar ist. Es ist der Dank gegenüber den Menschen, gegenüber der Schöpfung und gegenüber Gott.

Wahrscheinlich ist die Haltung der Dankbarkeit das beste Vorwort für ein Gebet. – Und dankbar können alle schwarzen und weißen Schafe sein.

Johannes Pausch

1. Kein Wunder: Gebete werden sichtbar

Beten – das hilft sowieso nichts, hört man viele Menschen sagen – und spürt ihre innere Resignation, weil sie an der Wirksamkeit von Gebeten zweifeln. Und doch ist in diesem Zweifel Hoffnung zu spüren, auch wenn diese Hoffnung oft enttäuscht worden ist. Vielleicht hängt es mit der Einstellung zusammen, mit der jemand an das Gebet herangeht. Dabei bestätigen nicht nur spirituelle Menschen, sondern in der Gegenwart auch immer mehr Naturwissenschaftler: Gedanken, Gefühle, Emotionen und Worte haben Wirkung. Eines der eindrucksvollsten neuen Forschungsergebnisse stammt von dem japanischen Naturwissenschaftler Masaru Emoto.

Die Forschungen von Masaru Emoto

Der japanische Wissenschaftler Masaru Emoto hat seine Forschungen in dem zweibändigen Werk »Die Botschaft des Wassers« und in zwei Videobändern »The message from water« dokumentiert.

Viele Jahre erforschte Masaru Emoto alle Möglichkeiten, wie verschiedene Qualitäten des Wassers sichtbar gemacht werden können. Dabei kam er auf die Idee, Eis- und Schneekristalle, also gefrorenes Wasser, zu untersuchen, um aus der Form der Kristalle Hinweise zur Wasserqualität herauszufinden. Nach seiner Theorie müsste reines Wasser reine Kristalle bilden – und verseuchtes Wasser hässliche und missgebildete Kristalle.

Seine Arbeiten zeigten, dass es unmöglich war, völlig identische Kristallbilder zu erzeugen. Das gleiche Kristall konnte nicht ein zweites Mal produziert werden. Aber es entwickelten sich – je nach der Qualität des Wassers – schöne oder missgebildete Kristalle. Der Japaner entdeckte, dass die Deformierung oder das völlige Zusammenbrechen der Kristallstruktur ein Beweis für die schlechte Qualität der Wasserprobe war. Umgekehrt ließ die Schönheit eines Kristalls Rückschlüsse auf eine gute Qualität des Wassers zu.

Diese Feststellungen waren der Anfang intensiver Forschungsreihen. Mit Tausenden von Wasser- bzw. Kristallproben machte Emoto in der Folgezeit seine Experimente.

Wasser hört auf Musik, auf Worte und Gedanken

In einem Versuch wählte der Forscher destilliertes Wasser aus und machte nach dem Einfrieren Aufnahmen von den Eiskristallen. Dann wiederholte er sein Experiment, bespielte aber vorher das Wasser mit Musik. Dazu wählte er die Pastorale von Beethoven aus, in anderen Versuchen die Symphonie Nr. 40 in g-Moll von Mozart, eine Bach-Arie, ein tibetisches Sutra und zuletzt Heavy-Metal-Musik.

Die Wirkung war verblüffend: Die Wasserkristalle formten sich nach den jeweiligen Emotionen, die in der Musik lagen. Die helle Fröhlichkeit der Pastorale von Beethoven beeinflusste das Wasser und zeigte schöne, offene Kristalle.

Die Symphonie von Mozart, die ein beseeltes Lied – ähnlich einem Gebet – ist, formte graziöse Kristalle, die die Gefühle des Komponisten auszudrücken schienen. Das tibetische Sutra bildete ein starkes Kristall – als ob das alte Wissen bestätigt werden sollte, dass ein Sutra die Seele des Menschen anspricht und positive Energie ausstrahlt, die den Menschen an Leib und Seele stärkt. Die eher zornige Heavy-Metal-Musik hingegen schien die Welt anzuprangern.

Nach dem Musikexperiment wollte Emoto herausfinden, ob auch Worte auf das Wasser Auswirkungen haben. Er entschied sich, mit dem Wasser über geschriebene Worte zu kommunizieren. Dabei benützte er aber nicht handgeschriebene Begriffe, sondern Wörter, die der Computer ausdruckte. Er füllte zwei Glasflaschen mit destilliertem Wasser und klebte jeweils ein Papier darauf. Die eine Flasche wurde mit »Danke« beschriftet, die andere mit »Dummkopf«. Am nächsten Tag machte er von den gefrorenen Wasserkristallen Aufnahmen. Die Ergebnisse waren verblüffend: Alle Wasserproben von positiven Wörtern wie »Danke«, »Liebe/Dankbarkeit« und »Seele« hatten leuchtende, klar strukturierte Kristalle erzeugt, während das Wasser mit negativen Wörtern wie »Dummkopf«, »Teufel«, »hässlich« tatsächlich auch hässliche oder zusammengebrochene Kristallstrukturen zeigte.

Dieselben Experimente machte Emoto mit Reis – und es gab ähnliche Ergebnisse.

Das Gebet des Priesters Kato Hoki

Ein Experiment führte Emoto mit dem Priester Kato Hoki am verschmutzten Fujiwara-Staudamm durch. Die Kristalle dieser Wasserprobe hatten erschreckende Formen. Aber nach stundenlangen Gebeten und Reinigungsritualen des Priesters auf dem Staudamm hatte das Wasser wunderschöne klare Kristalle mit einer hexagonalen Grundstruktur. Dieses Experiment bedeutete für Masaru Emoto den endgültigen Durchbruch.

Die Fotos der Kristalle machten sichtbar, was bis dahin zwar viele Menschen bereits erfahren hatten, aber nicht erklärten konnten: Die Kraft des Gebetes und der zielgerichteten Konzentration besaß ausreichend Energie, um physikalische Zustände zu verändern – bei den Emoto-Experimenten wurden die Wasserstrukturen verwandelt. Mit seinen Fotografien konnte Emoto beweisen, dass Gebete, Gedanken und Gefühle messbare Wirklichkeiten sind. Der japanische Forscher bestätigte mit seinen Untersuchungen, was religiöse Menschen immer gewusst haben: Worte, Gedanken und Gefühle wirken sich unmittelbar auf den Menschen aus, der sie spricht, denkt oder fühlt.

Jesus Christus sagte einmal: Wenn du zu deinem Bruder »Dummkopf« oder »Narr« sagst, dann bist du ein Mörder. Das gute Wort, der gute Gedanke und vor allem der Segen haben direkte Auswirkungen auf das Leben und den Organismus eines Menschen. Wenn du einem Menschen mit einem guten Gedanken begegnest, mit einem guten Wort, dann verändert sich nicht nur die seelische und geistige, sondern – wie beim Wasser – auch die körperliche Struktur des gesamten Menschen, auch seiner Nahrung, seines Hauses und seiner ganzen Umgebung.

Wenn Emotos Erkenntnisse stimmen – und daran gibt es kaum Zweifel –, dann sind Gebete in allen Religionen äußerst wertvoll und heilsam. Und es macht Sinn, Speisen und Getränke zu segnen oder vor dem Essen und Trinken zu beten. Die geistige und spirituelle Kraft verwandelt Speisen und Getränke – und verändert natürlich auch uns Menschen.

Emoto fand heraus, dass seine Schriftzeichen, also die Gedanken von »Liebe und Dankbarkeit«, die allerschönsten Kristallbilder ergaben. Das bedeutet: Immer dann, wenn du auf dich selber, auf die Menschen, die dir begegnen, auf die Schöpfung und auch auf Gott mit diesen Haltungen zugehst, kristallisieren sich in deinem Inneren die schönsten Bilder und Strukturen heraus.

Das Gebet der Liebe und der Dankbarkeit

Die meisten Menschen kennen nur das Bittgebet. Oft beklagen sie, dass dieses Gebet nicht hilft. Vielleicht liegt der Schlüssel für die Unwirksamkeit so manchen Bittgebetes darin, dass es aus Verletzung, Angst und Furcht gesprochen wird – und nicht aus Liebe und Dankbarkeit.

Masaru Emoto hat noch eine andere Erklärung. Er behauptet aufgrund seiner Experimente: Liebe verkörpert etwas Aktives – und Dankbarkeit steht für eine passive Energieform. Bei dem Wassermolekül H_2O, das aus einem Sauerstoffatom (O) und zwei Wasserstoffatomen (H_2) besteht, ist dieses Prinzip instinktiv zu spüren: Wasser bedeutet Dankbarkeit – und Sauerstoff, der das Feuer speist, steht für Liebe.

Aus dieser Überlegung heraus könnte man interpretieren, dass Dankbarkeit, die »passive Haltung«, immer doppelt vorhanden sein muss, die »aktive« Liebe jedoch nur in der einfachen Form. Deshalb ist vermutlich Dankbarkeit die Grundlage jedes Gebetes. Nur wenn Menschen aus tiefstem Herzen dankbar sind, sind sie zur Liebe fähig.

Ein Gebet ist seinem Wesen nach zuerst einmal Dank und Lobpreis. Ohne Dank und Lobpreis wird ein Gebet möglicherweise überschattet von vielen negativen Energien.

Das Gebet des Dankes und des Lobpreises ist die ursprünglichste und wirkungsvollste Form des Gebetes. Die Kraft des Herzens verwandelt das Gebet und den Menschen.

Damit ein Gebet wirksam wird, solltest du also zuerst dein Herz und deine Gedanken reinigen von Unrat und von allem, was böse ist und schadet. Reinigungsrituale vor dem Gebet gibt es in fast allen Religionen. Dabei ist es egal, ob du dir vor dem Gebet die Hände, die Füße und das Gesicht wäschst oder ob du um die Reinigung deines Leibes und deiner Seele bittest, um durchlässig zu sein für Dank und Lobpreis.

In der Gegenwart beweisen uns also Naturwissenschaftler, was sogenannte »Gläubige« oft nicht mehr wirklich glauben: die Kraft der Gebete, Gedanken und Gefühle. Über alle menschlichen Grenzen und Hindernisse hinweg, denen unser Leben immer unterworfen ist, geben der Dank, der Lobpreis, die Bitte und der Segen eine Chance zu Verwandlung und zum Heilen.

2. Die wunderbare Vielfalt des Betens

Wenn du einmal in dein eigenes Leben schaust und in das Leben anderer, dann ist das Gebet oft nicht wahrnehmbar, weil du nicht weißt, was Gebet alles sein kann. Leider hat sich vor allem das Wortgebet durchgesetzt. Viele meinen, dass sie nur dann beten, wenn sie viele gute und fromme Worte sprechen oder zumindest einen guten und frommen Gedanken haben. Das ist nicht richtig. Ein Gebet kann viele Formen haben. Je sensibler du für deine vielfältigen Lebenssituationen und deine Beziehungen zu den Menschen und zu Gott wirst, desto mehr kannst du erahnen, wie viele Möglichkeiten es für das Gebet gibt.

Die gute Meinung

Manchmal, so glauben wir, fehlen uns zum Beten die Worte oder es mangelt an der Zeit. Viele Dinge beschäftigen uns – und wir wissen nicht, dass jede Handlung zum Gebet werden kann, wenn wir sie mit einer guten Grundhaltung tun.

Mein Erlebnis mit Schwester Leonharda ist dafür ein Beispiel.

Sie lebte im Kloster Tettenweiß. Ihr Leben war geprägt von der Hingabe – und ihr Tun war lauter, weil sie nichts mehr für sich erwartete, sondern durchlässig war für Gott und die Menschen. Sie hat mit Freude gelebt und ist mit Heiterkeit gestorben. Bis ins hohe Alter arbeitete sie in der Landwirtschaft. Das Säen und Ernten machte sie selbst zu einer reifen Frucht. Am Ende ihres Lebens, als ihre Kräfte nachließen – sie war schon weit über 80 –, arbeitete sie immer noch mit Fröhlichkeit im Garten und half den jungen Schwestern, so gut sie konnte.

Ich entdeckte sie eines Tages vor dem Gartenhaus. Vor ihr auf dem Pflaster stand eine große Wanne voll Wasser – und darin alte Blumentöpfe, die sie mit einer Wurzelbürste schrubbte. Dabei pfiff und sang sie. Jedes Mal, wenn sie einen Topf fertig geputzt hatte, stellte sie ihn zum Trocknen in die Sonne auf das Pflaster und sagte vor sich hin: »98 arme Seelen … 99 arme Seelen … 100 arme Seelen.«

Ich hörte ihr eine Weile zu, dann fragte ich sie, was das mit den Blumentöpfen und den armen Seelen bedeute. – Sie schaute mich an, als ob es die selbstverständlichste Sache von der Welt wäre, was sie da tat.

»Ich habe mit Gott einen Vertrag«, sagte sie. »Jedes Mal, wenn ich einen Blumentopf sauber gewaschen habe, wird Gott eine Seele aus dem Fegefeuer erlösen. Heute sind es schon 104.«

Ich glaube, dass diese Schwester mit der Lauterkeit ihres Herzens und dem Vertrauen auf die Liebe und Barmherzigkeit Gottes, mit ihrem guten Willen und ihrem Einsatz nicht nur 104 arme Seelen errettet hat, sondern viel, viel mehr. Ihr ganzes Leben war ein Gebet.

Immer – und auch zwischendurch

Manchmal fragen sich Menschen, wie sie zu so einer inneren Gebetshaltung kommen können. Das Ziel ist tatsächlich, dass unser gesamtes Leben zum Gebet wird. Ich glaube, dass dies möglich ist, wenn die innere Überzeugung und die Lebenseinstellung eines Menschen geprägt sind von der Suche nach Gott.

Mein alter Mitbruder Heinrich Brumbach war Krankenpfleger, Helfer in der Verwaltung, Sekretär des Abtes, Fischer, Hirte und jahrelang Nachtwächter im Kloster. Oft übte er mehrere Berufe gleichzeitig aus und es kam selten vor, dass er am gemeinsamen Chorgebet der Brüder teilnehmen konnte. Das hat aber nie zu Unmut bei den anderen Brüdern geführt.

Ich habe ihn einmal gefragt, wann er denn betet, wenn er seinen Dienst als Nachtwächter verrichtet, am Morgen Krankenpfleger ist, dann Fischer und dann wieder Krankenpfleger. Er antwortete: »Immer!« Und er fügte hinzu: »Und auch zwischendurch.« Nie sprach er sehr viel; meist war es nur ein Wort, ein Satz, im höchsten Fall eine längere Bemerkung. Alle Brüder schätzten ihn, weil sein Leben und Handeln durchdrungen waren von der Liebe Gottes.

Klage, Trauer und Bitte

Die meisten Situationen, in denen Menschen zum Gebet finden oder eine Beziehung zu Gott suchen, sind Schicksalsschläge oder Schwierigkeiten im Leben. Dann wird das Gebet zu einer Bitte, zur Klage oder zum Ausdruck tiefer Trauer. Bitte, Klage und Trauer sind legitime Formen des Gebetes. In den Psalmen finden wir viele solcher Gebete. Sie haben ihre Berechtigung – und wir dürfen darauf vertrauen, dass diese Gebete und Bitten auch wirklich gehört werden.

Die Schwierigkeit bei solchen Gebeten liegt aber darin, dass sie geprägt sind von negativen Gedanken und vor allem von der Vorstellung, dass Gott funktionieren müsste wie ein Automat: Oben wirfst du eine Münze hinein und unten kommt wie beim Zigarettenautomaten die Erfüllung deiner Bitte oder die Abwendung deiner Not heraus. Die Gefahr bei diesen Gebetsformen liegt darin, dass du selbst zu sehr gefangen bist in deiner Erfahrung, in deinem Leid – und zu stark ausgerichtet auf die Erfüllung deiner Bitte. Die meisten Menschen, die bitten, klagen und trauern, haben wenig Abstand zu ihrer Situation, die sie belastet. Vor allem aber kennen sie nicht mehr die Haltung der Dankbarkeit und des Lobpreises.

In den Psalmen wird eine wichtige Erfahrung vermittelt: dass in jedem Klagelied, in jeder Bitte immer auch der Lobpreis und die Dankbarkeit zu finden sind.

Wir müssen nicht dankbar sein für eine Not. Wir müssen auch Gott nicht lobpreisen für eine Schwierigkeit, in die wir geraten sind. Aber immer können wir dankbar sein dafür, dass wir leben und dass wir ihn lobpreisen können.

Ich bin der Überzeugung, dass viele Krankheiten geheilt und manche Not erleichtert werden könnten, wenn Dank und Lobpreis im Herzen der Menschen mehr Platz hätten.

Der heilige Seufzer

In einigen alten Gebetbüchern fand ich am Ende des Gebetes die Bemerkung: »Und hier, christliche Seele, lass einen tiefen Seufzer fahren.«

Auch der Seufzer kann ein Gebet sein.

Seufzen ist nicht Jammern und nicht Klagen, sondern bedeutet Aufatmen und Loslassen. Wer es wirklich einmal geübt hat, tief aufzuseufzen, der empfindet nicht nur körperlich, sondern auch seelisch eine große Erleichterung.

Vor einigen Wochen spürte ich am Anfang des Gottesdienstes, dass die Besucher sehr bedrückt waren. Ich wusste, dass viele von ihnen die ganze Woche schwer gearbeitet hatten und dass einige wohl auch mit vielen Lasten in die Kirche gekommen waren. Ich bat sie – anstatt des Schuldbekenntnisses – tief zu seufzen. Ich habe ihnen dieses Aufseufzen auch vorgemacht. Es dauerte ein paar Augenblicke, bis sich einige überzeugen ließen und tief seufzten. Schließlich seufzte die ganze Kirchengemeinde tief auf – und es brach, zuerst zaghaft, dann aber immer lebendiger, aus vielen ein herzliches Lachen heraus. Es war kein Gelächter, das andere verspottet, sondern ein befreiendes Lachen. Seufzen befreit zum Lachen.

Ich rate Menschen, die nicht mehr beten können, weil sie viele Dinge bedrücken, einfach zu seufzen – am besten ist es, wenn sie das nicht allein tun, sondern mit anderen zusammen.

Der Segen beim Essen

Wir nehmen mit dem Essen nicht nur Kalorien und Nahrungsstoffe auf, sondern auch Stärke fürs Leben. Speisen und Getränke, die gesegnet sind, haben doppelte Kraft. Sie verwandeln sich – und denjenigen, der betet.

Bei einer langen Zugfahrt durch Deutschland saß ich im Zugabteil einem jungen Pärchen gegenüber, das mit sich sehr beschäftigt war – und sie zeigten offen, wie sehr sie sich liebten. Nach einiger Zeit schienen beide hungrig geworden zu sein und packten ihr mitgebrachtes Essen aus. Bevor sie zu essen anfingen, legten sie die Hände ineinander – und ich sah deutlich, dass sie vor dem Essen beteten.

Ich fragte die beiden: »Sie beten vor dem Essen?«

Der junge Mann schaute mich an und erwiderte:

»Ja, wir beten vor dem Essen, weil wir keine Rindviecher sind, die nicht wissen, woher alles Gute kommt. Wir danken unserem Gott und Schöpfer und bitten ihn um Segen für diese Speisen.« Beide lächelten mich an. Und dann sagte er noch: »Sie können gerne zugreifen. Wir laden Sie ein zum Essen – ich habe für Sie auch schon gebetet.«

In der Stille

Mitten im Lärm und in der Unrast des Lebens ist innere und äußere Stille oft nur sehr schwer zu erreichen. Das gilt für alle Menschen.

Als junger Mönch war ich auf der Suche nach Gott und nach der Erfahrung Gottes in meinem Leben. Ich wollte von meinen Brüdern lernen, wie ich das Gebet der Stille oder der Meditation üben könnte.

Also fragte ich einen von ihnen, den ich wegen seiner liebevollen Menschlichkeit und seines Glaubens schätzte, was ich denn tun müsse, um ein wirklich meditatives Gebet sprechen zu können. Er antwortete mir: »Such dir einen Platz, setz dich hin und ›gib a Ruh‹ – das Übrige macht der liebe Gott.«

So einfach diese Anweisung zu sein scheint, so schwierig ist es, sie in die Tat umzusetzen und ins Leben hineinzubringen. Denn es ist nicht leicht, einen stillen Platz zu finden. Wir sind dauernd unterwegs, laufen äußerlich und innerlich aufgeregt umher und finden keinen Ort, wo wirklich Ruhe ist. So ein Platz ist für jeden wichtig.

Es geht aber nicht nur darum, Stille zu finden, sondern auch, sich selbst und anderen Menschen Ruhe zu geben, sich aus dem Getriebe des Alltags herauszunehmen und einfach da zu sein.

Der schwierigste Schritt aber ist zu vertrauen, dass das Wesentliche beim Gebet Gott tut. Er schenkt Gnade und das Leben. Du selbst kannst dich als Mensch nur für Gott disponieren, kannst einen Platz suchen, dich hinsetzen und ›Ruhe geben‹. Aber das Wesentliche macht Gott.

Mit dem Leib

Während eines Gottesdienstes in unserer Klosterkirche saß eine Nachbarin mit ihrer etwa einjährigen Enkelin in der ersten Reihe. Die kleine Andrea ist ein Taufkind von mir. Ich mag sie wegen ihrer Lebendigkeit und ihrer leuchtenden Augen. Sie kommt gerne mit in die Kirche, weil ihre Großmutter ihr auch während des Gottesdienstes viel Aufmerksamkeit und Zuneigung schenkt. Und das kleine Mädchen kann beten. Sie legt die Hände ineinander, und wenn alle anderen singen, dann singt sie auch mit, obwohl sie noch nicht reden kann. Sie singt nicht Worte, sondern Laute. Als ich sie mit ihren gefalteten kleinen Händen auf dem Schoß ihrer Großmutter singen sah, da fiel mir das Wort ein: »Aus dem Munde der Kinder und Säuglinge hast du dir Lob bereitet, o Gott.«

Manchmal gibt es Situationen im Leben, da können wir weder Gedanken noch Worte fassen. Wir meinen dann auch, nicht mehr beten zu können. Die kleine Andrea lehrt mich, dass man auch nur mit dem Leib beten kann, mit gefalteten Händen und mit Worten und Lauten, die niemand versteht, die für Erwachsene gar keinen Sinn machen. Das Mädchen hat eine Haltung des Gebetes, die unmittelbar ist. Es denkt nicht und überlegt sich nicht, was es sagt und singt. Das Kind ist ganz hingegeben an seine Haltung und an den Ausdruck seiner Stimme.

Wir können auch so beten. Ob wir die Hände falten oder ausgestreckt zum Himmel erheben, ob wir uns auf den Boden knien und mit dem Kopf die Erde berühren oder ob wir uns auf den Boden legen und Gott bitten, dass er unsere Haltung als ein Gebet annimmt, weil uns Gedanken und Worte versagen: Gott hört auch solche Gebete und nimmt sie an.

Miteinander teilen

In meiner Kindheit, kurz nach dem Zweiten Weltkrieg, gab es immer wieder auch Bettler, die von Haus zu Haus, von Tür zu Tür zogen, um sich Essen oder ein wenig Geld zu erbetteln. Damals wie heute gibt es diese Not der Menschen – und sie ist eine Aufforderung, miteinander zu teilen. Dieses Teilen fällt vielen schwer.

Ich erinnere mich an ein Mittagessen in unserer Familie. Wir waren gerade dabei, mit dem Essen zu beginnen, da klopfte es an die Küchentüre – und weil auf unser »Herein« niemand öffnete, ging ich zur Tür, machte sie auf und fuhr erschrocken zurück: Vor der Tür stand eine alte Frau mit gebeugtem Rücken. Ihre Kleidung war sehr ärmlich. Sie streckte mir ihre knochige Hand entgegen, und in ihren Augen sah ich eine große Bitte. Ich schlug erschrocken die Tür wieder zu, rannte zum Tisch und sagte: »Draußen ist eine alte Frau, die will etwas.«

Mein Großvater ging zur Tür und bat die Bettlerin herein. Sie solle sich, sagte er, zu uns an den Tisch setzen. Und dann gab er ihr von einem frischen Laib Brot das beste Stück, das »Scherzel«, das ich selbst so gerne gehabt hätte, und dazu auch noch die größte Portion. Es wurde nicht viel gesprochen bei diesem Essen.

Später fragte ich meinen Großvater: »Warum hast du ihr das beste Stück gegeben?« Er antwortete: »Wenn man miteinander teilt, dann darf man nicht nur das Überflüssige und Schlechte weggeben, sondern muss das Beste miteinander teilen.« Und er fügte hinzu: »Dann ist die Freude am größten.«

Ich bin der Überzeugung, dass es ein Gebet ist, wenn man so miteinander teilt – auch wenn dabei keine Worte gesprochen werden. Teilen ist wie ein Gebet, weil daraus die Haltung der Dankbarkeit und des Lobpreises kommt.

Gopi Krishna, ein indischer Meditationslehrer, sagt sehr bewusst, was bei der Meditation und bei jeder geistlichen Übung wichtig ist – nämlich nicht nur in ein schönes religiöses Gefühl hineinzugleiten, sondern etwas zu finden, um das Leben menschlicher zu gestalten: »Je mehr ich die Europäer über Meditation reden höre, desto mehr empfinde ich, dass ich ihnen eigentlich davon abraten muss. Sie verstehen ja gar nicht, worum es geht. Lesen Sie in Ihren heiligen Schriften, dort finden Sie dasselbe wie in unseren: Du sollst deinen Mitmenschen lieben; du sollst Gott lieben – und alles andere ist überflüssig. Nirgends steht: Du sollst meditieren. Wenn du aber Gott und deinen Mitmenschen lieben willst – und du entdeckst die große Wahrheit, dass Meditieren dazu helfen kann und eine ganz entscheidende Hilfe dazu sein kann, dann sollst du meditieren, und wenn du das nicht entdeckst, sollst du es bleiben lassen« (aus: Publik-Forum, Meditation 1996).

»Dank und Lobpreis«

Die schönsten Formen des Gebetes sind der Dank und der Lobpreis. Dank ist nur scheinbar eine passive Haltung: Du nimmst und empfängst – und bist dankbar. Aber Dankbarkeit ist zugleich etwas höchst Aktives.

»Dankbarkeit«, so sagt der Weise Mevlana Rumi, »ist der Schlüssel zur Freude«. Der Dank zeigt, dass du eine Beziehung zu jemandem hast und dass dir diese Beziehung wertvoll ist. Echter Dank kommt immer aus einem freien Herzen. Wenn er erzwungen wird, ist es kein wirklicher Dank.

Im Dank teilt der Mensch die Freude des Lebens mit anderen – auch in der Krankheit und in der Not. So ist die Freude auch Lobpreis für den, der uns alles Gute, unser Leben, geschenkt hat, für Gott.

Es ist schon schwer, sich von Überflüssigem zu trennen, wenn es uns wertvoll geworden ist. Noch schwerer ist es, das Gute mit jemandem zu teilen, aber aus dieser Haltung erwächst eine noch größere Freude.

Matthias Claudius schrieb einmal das wunderbare Gedicht »Täglich zu singen«:

Ich danke Gott und freue mich
Wie's Kind zur Weihnachtsgabe,
Dass ich bin, bin! Und dass ich dich,
Schön menschlich Antlitz! habe;

Dass ich die Sonne, Berg und Meer,
Und Laub und Gras kann sehen,
Und abends unterm Sternenheer
Und lieben Monde gehen;

Und dass mir dann zumute ist,
Als wenn wir Kinder kamen
Und sahen, was der heil'ge Christ
Bescheret hatte, Amen!

Ich danke Gott mit Saitenspiel,
Dass ich kein König worden;
Ich wär geschmeichelt worden viel
Und wär vielleicht verdorben.

Auch bet ich ihn von Herzen an,
Dass ich auf dieser Erde
Nicht bin ein großer reicher Mann
Und auch wohl keiner werde.

Denn Ehr und Reichtum treibt und bläht,
Hat mancherlei Gefahren,
Und vielen hat's das Herz verdreht,
Die weiland wacker waren.

Und all das Geld und all das Gut
Gewährt zwar viele Sachen;
Gesundheit, Schlaf und guten Mut
Kann's aber doch nicht machen.

Und die sind doch, bei Ja und Nein!
Ein rechter Lohn und Segen!

Drum will ich mich nicht groß kastei'n
Des vielen Geldes wegen.

Gott gebe mir nur jeden Tag,
So viel ich darf, zum Leben.
Er gibt's dem Sperling auf dem Dach;
Wie sollt er's mir nicht geben!

Das ganz andere Morgengebet

Fast täglich begegnen mir Schüler, die am Morgen zum Schulbus stapfen oder am Mittag erschöpft nach Hause kommen. Am meisten berühren mich die kleinen Erstklässler, die mit ihrem riesigen Schulranzen den ägyptischen Pyramidensklaven ähneln, weil der Schulpack fast schwerer ist als das Kind, das ihn schleppen muss. Die einen schauen recht optimistisch in die Welt, andere stolpern unausgeschlafen oder mit Angst ihren Weg entlang. Dann steigen sie in die Sardinenbüchse des Schulbusses. Nach einer Weile – meist im Musiklärm – werden sie »ausgespuckt«, müssen dann im Klassenzimmer stundenlang still sitzen, sich mit Buchstaben und Zahlen abplagen – und hören, dass sie nicht für die Schule lernen, sondern für das Leben. »Ja, so ist eben das Leben«, sagen die Erwachsenen und würden so einen Stress selber wohl kaum mehr aushalten.

Mir kommen viele Gedanken in den Sinn, wenn ich die Schüler beobachte. Manchmal möchte ich ihnen sagen: »Heute fällt die Schule aus – bleibt da, wir spielen miteinander.« Vielleicht würden sie so einen Vorschlag nicht einmal ernst nehmen, weil er sie ja zu Rebellen macht.

Aber ich denke auch an die Mühe und Freude, die Busfahrer, Eltern und Lehrerinnen und Lehrer mit den Kindern haben. Mein Mitgefühl und meine Hochachtung für sie alle sind groß.

Gestern früh aber hatte ich einen anderen Gedanken, als ich die Kinder sah. Ich wünschte ihnen einen guten Morgen und betete zu Gott, dass sie alle und jene, denen sie begegnen, gesegnet sein sollen. Ich wünschte ihnen allen den Segen Gottes: den Fröhlichen und den Traurigen, denen, die heute noch kein gutes Wort erhalten hatten, und jenen, die ihre Hausaufgaben (nicht) gemacht hatten, auch ihren Busfahrern und Lehrerinnen und Lehrern, ihren Eltern und Geschwistern. Und ich entdeckte in mir eine große Freude und Solidarität, von der außer mir niemand etwas wusste. Jeder kann das bei sich selbst ausprobieren, wenn er Schüler sieht – dann werden sie nämlich für den zum Segen, der gerade für sie gebetet hat.

Du kannst also auch für Menschen beten, zu denen du keine persönliche Beziehung hast, die du vielleicht nicht einmal kennst: für scheinbar fremde Menschen, denen du eher zufällig an der Bushaltestelle, auf der Straße, in der Arbeit, beim Sport begegnest. Du erbittest für diese Menschen einfach den Segen Gottes, dass ihr Weg beschützt sein möge. So verbindest du dich mit einem anderen Menschen auf ganz einfache Weise – wie es eben ein Kind Gottes mit einem anderen Kind Gottes tut. Die solidarische Grundlage für dieses Verhalten besteht darin, dass du dem anderen etwas Gutes sagen oder tun möchtest: *bene dicere!* Das geschieht ganz unaufdringlich, der andere merkt es äußerlich gar nicht. Indem du ihm jedoch deinen Segen zusprichst, kehrt der Segen auch auf dich selber zurück – das ist ein revolutionäres geistliches Prinzip. Der Segen, sagt Jesus auch im Evangelium, wird auf euch zurückkommen.

Wir Mönche im Europakloster Gut Aich am Wolfgangsee beten jeden Mittag für den Frieden in der Welt. Viele Tausende Menschen haben sich diesem Friedensgebet angeschlossen – und seine Kraft verbreitet sich wie eine Lichtwolke über die Welt. Für die Mönche und alle anderen, die sich an diesem Friedensgebet beteiligen, kommt der Segen, der als Bitte hinausgetragen wird, als Segen auch wieder zurück zu den Betenden – wie in einer kommunizierenden Röhre.

In der Todesstunde

Vor vielen Jahren kamen fast zur gleichen Stunde zwei junge Männer an eine Klosterpforte und baten um Aufnahme in das Kloster. Sie wurden angenommen. Sie waren zur gleichen Zeit Novizen, legten miteinander ihre Gelübde ab und arbeiteten und beteten ein ganzes Leben lang zusammen. Weil das Kloster sehr klein war, hatten sie sogar eine gemeinsame Klosterzelle, in der sie miteinander lebten. Sie waren wirklich in einem langen Leben Brüder geworden.

Nun wurde der eine krank und es zeichnete sich ab, dass er sterben würde. Sein Mitbruder pflegte ihn mit großer Hingabe – und der andere wurde immer schwächer. Beide wussten, dass die Todesstunde bevorstand. Da sagte der pflegende Bruder zu dem Sterbenden: »Harry, warum kannst du denn nicht sterben?« Und der, vom Tod gezeichnet, antwortete ihm: »Ich kann dich doch nicht alleine lassen. Wenn ich sterbe, bist du ja ganz allein.«

Da nahm der Mitbruder seine Hände – und mit Tränen in den Augen sagte er zu ihm: »Harry, ich bin dir dankbar für dein Leben und für deinen Tod.« So hielten sie sich gegenseitig die Hände – und dann sagte er: »Harry, lass aus.«

Nach wenigen Augenblicken verstarb Harry. Als ihm der Bruder die Augen schloss, flüsterte er dem Toten noch zu: »Harry – pfüat'di Gott« (behüt' dich Gott).

Das war ein Gebet in der Todesstunde. Es war das Gebet der Dankbarkeit für ein Menschenleben, das selber Leben geschenkt hat.

Die größte Dankbarkeit, die wir einem Menschen in der Todesstunde zeigen können ist, wenn wir ihn gehen lassen – so schwer das auch sein mag.

Immer wenn ich einen Menschen im Sterben begleite, kommt mir das Wort meines Mitbruders in den Sinn, der gesagt hat: »Harry, lass aus« und »Pfüat'di Gott«.

Diese Worte sind ein Gebet – wahrscheinlich das echteste, das ein Mensch beten kann, weil es so ungeheuer schwer ist, einen geliebten Menschen gehen zu lassen.

Der Segen

Heilend und helfend, befreiend und erlösend ist das Segensgebet. Segnen heißt im Lateinischen: *benedicere* – etwas Gutes sagen. Der Segen ist das gute Wort – eine Zusage, dass der Mensch, sein Schicksal und sein Leben gut sind, weil er von Anfang an von Gott geliebt ist.

Der Segen setzt tiefes Vertrauen und große Kraft voraus. Er sieht die Not der Menschen, nimmt die Schrecken und die Schmerzen wahr, die ein Leben begleiten können. Aber der Segnende sucht immer noch nach der Kraft, dass Gott ihm die Fülle seiner Gnade schenke – er nimmt diese Kraft Gottes und gibt sie weiter. Wahrscheinlich ist es für einen Menschen die größte Gnade, wenn er ganz durchlässig wird für das Wirken Gottes in seinem Leben und in dieser Welt.

All das klingt für »Normalverbraucher« ziemlich fremd. Um Segen einzuüben, muss ein Mensch anfangen, das gute Denken und gutes Reden einzuüben. Jedem, dem du begegnest, kannst du einen guten Gedanken oder ein gutes Wort geben. Das erfordert Arbeit an dir selbst, weil du unbewusst natürlich viel leichter ablehnend oder verurteilend reagierst. Es braucht innere Disziplin und den beständigen Versuch, um die eigenen Gefühle und Gedanken zu reinigen.

Aber der Segen, das gute Wort, verändert und kommt als Segen auf dich zurück. Wenn du versuchst, in dir Klarheit und Liebe zu schaffen – was natürlich nicht immer sofort gelingt –, wirst du für dich und für andere zum Segen.

3. Schwarze und weiße Schafe beten

Ein schwarzes Schaf

Bei einem Spaziergang mit meinen Mitbrüdern begegneten wir einer kleinen Schafherde. Unter den zehn oder zwölf Tieren war auch ein schwarzes Schaf. Es graste ganz friedlich mit den anderen auf der Wiese, und es hatte den Anschein, als ob es selbst nicht bemerkte, dass es schwarz war. Auch die anderen Schafe schienen nicht zu wissen, dass sich unter ihnen ein schwarzes Schaf befand. Nur ich habe es bemerkt und habe meine Brüder darauf aufmerksam gemacht: »Schaut euch das an – ein schwarzes Schaf!«

Die meisten Menschen reagieren ganz ähnlich, wenn sie mitten in einer Herde von weißen Schafen den Sonderling entdecken: »Schau, ein schwarzes Schaf!«

Wer macht ein Schaf zum schwarzen Schaf?

Die anderen Tiere in der Herde haben es nicht etikettiert, aussortiert und ausgestoßen. Für die weißen Schafe war das schwarze ganz normal. Es war eines von ihnen und hat sich mit ihnen wohlgefühlt.

Wir Menschen denken gerne in Kategorien von schwarz und weiß, von gut und böse, von angenehm und unangenehm, von brauchbar und unbrauchbar, von wertvoll und wertlos. Deshalb finden wir immer irgendwo ein schwarzes Schaf oder einen schwarzen Fleck, ein Defizit, etwas Negatives. Nur selten sind wir fähig, eine Herde mit einem schwarzen Schaf vorurteilslos anzuschauen – und nicht gleich festzustellen: »Schau, ein schwarzes Schaf!«

Warum verhalten wir uns nicht auch wie die richtigen Schafe, für die es ganz normal ist, dass es unter ihnen ein schwarzes Schaf gibt? Ein guter Hirte achtet nicht darauf, ob seine Schafe schwarz oder weiß sind – er ist für alle im gleichen Maß da. Von ihm können wir lernen, uns selber und andere anzunehmen, wer immer auch das schwarze Schaf ist – ich oder du.

Eine der großen Fallen der Menschen ist unsere Neigung, alles zu beurteilen und zu bewerten. Wir selektieren ständig und legen andere Menschen – entsprechend ihrer Merkmale und Eigenschaften – sofort in symbolische Schubladen. Aber indem du die anderen einteilst, isolierst du dich selber und bringst dich um die Gemeinschaft mit ihnen. Damit beraubst du dich neuer Erfahrungen und lernst nichts mehr hinzu.

Natürlich stellt man bei anderen Menschen deren Merkmale fest – sie sind ja real vorhanden. Die Frage ist nur: Wie gehst du damit um?

Gott sortiert nicht aus. Er gerät weder in Entsetzen noch in Entzücken – für ihn sind alle Menschen gleich. Für Gott haben alle das gleiche Recht zu leben und sich zu entwickeln. Das übergeordnete Merkmal heißt »Mensch« – nicht schwarze Hautfarbe oder rote, nicht schön oder hässlich, nicht reich oder arm. Diese kleinliche Einteilung ist eine Unterscheidung, die nur wir Menschen vornehmen. In der Überbewertung dieser unwichtigen Eigenschaften machen wir uns das Leben selber schwer.

Gott nimmt dich und mich an, so wie wir sind.

Dagegen behandeln wir Menschen schwarze Schafe oft unmenschlich – wie Ausgestoßene, die nicht zu uns passen. Das Gleichnis vom guten Hirten zeigt, dass Gott das (irrende?) schwarze Schaf nicht aussondert, sondern ihm nachgeht, es findet – und auf seinen Schultern zur Herde zurückträgt.

Im Gebet fühlt sich der Mensch oft wie ein schwarzes Schaf, weil er voller Mängel und Fehler steckt. Aber Gott ist keine Krämerseele, die jeden Minuspunkt aufnotiert. Er lässt dich nicht fallen, sondern gibt dir immer und immer wieder die Chance, zu ihm zurückzukehren. Niemand muss Angst haben, dass er wegen seiner Fehler und Unzulänglichkeiten ausgegrenzt wird – auch wenn er über Jahrzehnte ein Leben ohne Gott und ohne Glauben geführt hat.

Wie wird aus einem schwarzen Schaf ein weißes?

Natürlich bewegt mich auch die Frage, wer ein schwarzes oder ein weißes Schaf ist. Diese Frage stelle ich mir immer wieder, nicht nur in Bezug auf mich, sondern auch in Bezug zu anderen Menschen. Dass es oft nach außen anders ausschaut, als es nach innen ist, das wissen wir. Das Wesen eines Menschen, seine innere Wirklichkeit lässt sich nicht ohne Weiteres am äußeren Erscheinungsbild erkennen.

Und doch beurteilen und verurteilen wir nach dem äußeren Schein. Die einen mögen die weißen Schafe nicht, die anderen lehnen die schwarzen ab. Manchmal sympathisieren wir mit dem schwarzen Schaf mehr als mit einem weißen. Denn unser Gefühl sagt uns, dass in unserem Inneren mehr das eine oder das andere vorhanden ist. Wieder andere kokettieren damit, dass sie selber ein schwarzes Schaf sind. Sie finden sich viel attraktiver – wenigstens auffallender – als so ein langweiliges weißes Schaf. Schließlich will ja keiner zur Massenware gehören. Wir möchten uns von anderen unterscheiden – auch um den Preis, dass wir ein schwarzes Schaf sind.

Ich glaube, dass viele Menschen nur meinen, ein schwarzes Schaf zu sein und sich vielleicht dementsprechend verhalten, aber in Wirklichkeit haben sie ein ganz anderes Wesen in ihrem Inneren. Das Gegenteil ist genauso der Fall: Manche produzieren sich als weiße Schafe – und haben sich nur mit ihrer Garderobe angepasst.

Vor Menschen, die nicht nur auf das Äußere schauen, und vor allem vor Gott spielt die Farbe keine Rolle.

Trotzdem bewegt es mich, wie aus dem schwarzen Schaf ein weißes werden kann. Ich muss zugeben, dass ich nur wenigen wirklich weißen Schafen in meinem Leben begegnet bin – die meisten waren gar nicht ganz weiß. Manche waren ein wenig braun und grau, und vor allem waren sie ziemlich dreckig. Selbst der heftigste Regenguss konnte sie nicht zu wirklich weißen Schafen machen.

Rein weiße Schafe habe ich eigentlich nur in den Spielwarenläden und unter den Plüschtieren der großen Möbelhäuser gefunden. Die Wirklichkeit sieht ganz anders aus.

So stelle ich mir noch einmal die Frage: Wie wird aus einem schwarzen Schaf ein weißes?

Mich interessiert und berührt dabei die Frage, ob ein Mensch nicht nur sein Äußeres, sondern auch sein Wesen verändern kann.

Ein moralischer Appell kann sicher keine wirklich geistliche und menschliche Hilfe sein. Meistens werden wir durch diese Appelle entweder verunsichert, in die Resignation gezwungen oder erst recht trotzig.

Eine große geistliche Hilfe war mir bei der Lösung dieser Fragen ein Besuch bei einem befreundeten Bio-Bauern. Die glücklichsten Tiere auf seinem Hof waren die Schweine. (Ich möchte in diesem Fall bewusst von Schweinen reden und nicht von Schafen, weil mir die Schweine eine geistliche Wegweisung gegeben haben.)

Diese glücklichen Schweine lagen strahlend weiß – die kleinen auch ein wenig rosarot – wie frisch geputzt in ihrem Stroh und freuten sich ihres Lebens.

»Was machst du denn mit deinen Schweinen, dass sie so weiß und sauber sind?«, habe ich meinen Freund gefragt. Er schmunzelte: »Ich mache gar nichts. Sie machen es selbst.« Ich fragte ihn, ob seine Schweine vielleicht eine Dusche hätten oder einen Tierpfleger, der sie jeden Tag duscht, putzt und striegelt. Er lachte laut auf und führte mich hinter seinen Schweinestall. Dort war eine große Suhle, ein richtiges Dreckloch – schwarz und unansehnlich. Und in diesem Dreckloch suhlten sich gerade ein paar Schweine. Sie waren über und über dreckig und schwarz, quietschten aber vergnügt und schmatzten. Es schien ihnen sichtlich gut zu gehen.

Mein Freund sagte mir: »Siehst du, sie wühlen mit Vorliebe in diesem schwarzen Schlamm. Den brauchen sie, um auf ihrer Haut und an ihren Borsten alles Ungeziefer und alle Parasiten zu binden. Dann legen sie sich in die Sonne und lassen den schwarzen Dreck trocknen, wodurch er grau wird. Wenn der Schmutz trocken ist, marschieren sie vergnügt zu einem Baum oder zu den Stämmen, die wir in ihrem Gehege aufgestellt haben, und reiben sich an der Borke. Danach sind sie sauber und weiß, so wie du sie vorne im Stall gesehen hast.«

So wie den Schweinen geht es auch den Menschen. Ich möchte – auch wenn es biologische Ähnlichkeiten zwischen Schweinen und Menschen gibt – nicht sagen, dass ein Mensch ein Schwein ist. Aber dieses Bild und meine Erfahrung können helfen, das eigene geistliche und menschliche Leben zu verstehen und zu gestalten.

Manchmal braucht der Mensch eine Suhle für seinen Leib und seine Seele. Für andere mag das wie ein großes Dreckloch aussehen. Aber in dieser Suhle – wie immer sie auch sein mag und wo immer sie ist – geht es dir gut, weil du deine Parasiten und alles, was dir schadet, in diesem »Schmutz« binden kannst.

Aber das allein genügt noch nicht. Auch ein Schwein hält es nicht ununterbrochen in dieser Dreckpfütze aus, genauso wenig wie der Mensch. Er steigt immer wieder aus dieser Suhle heraus und muss sich in die Sonne legen. Die Sonne ist ein Bild für Licht und Gnade. Was du in der Auseinandersetzung deines Lebens und in den Drecklöchern, in die du hineingeraten bist, an dich gebunden hast, musst du vom Licht und von der Sonne bescheinen lassen, damit es richtig antrocknet. Die Sonne und das Licht sind wie die Gnade Gottes. – Ihr musst du dich trotz deiner Schwärze und des Dreckes innen und außen immer wieder aussetzen.

Und du brauchst immer wieder einen Reibebaum – wie die Schweine ihn brauchen, um ganz weiß zu werden. Die Reibebäume des Lebens sind die Widerstände, die Härten, die Erfahrungen und Ereignisse, die sich dir in den Weg stellen. An ihnen musst du dich reiben. Das können Menschen sein, aber auch Erfahrungen der Krankheit, des Leids und der Sorge – immer sind es Auseinandersetzungen, die dich herausfordern.

Leider Gottes haben wir nicht das Glück der Schweine auf dem Bauernhof, denen immer wieder feste Reibebäume gegeben werden. Wir erfahren als Menschen oft zu wenig lebendige Widerstände, mit denen wir uns wirklich auseinandersetzen. Der Widerstand, der uns im Leben entgegenkommt, ist meistens so stark, dass wir uns an ihm verletzen, oder so schwach, dass er zurückweicht und zerbricht. Einen wirksamen Reibebaum zu haben an einem Freund, an einem Partner, an seinen Eltern und an seinen Kindern – das ist ein großes Geschenk des Lebens. Wenn wir ihn haben, müssen wir sehr dankbar sein.

Vor einigen Jahren las ich einmal einen Artikel mit dem Titel: »Der Lehrer muss sein wie eine Eiche, an dem sich die Schüler reiben können wie Schweine an der Borke.« Ich glaube, dass das Geheimnis eines geistlichen Lebens auch darin besteht, dass ein Mensch die Fähigkeit zur Auseinandersetzung hat – und die Gnade, einen starken Reibebaum zu finden.

Aus einem schwarzen Schwein wird nur dann ein weißes, wenn eine Suhle vorhanden ist, in der es sich wälzen kann – wie beim Menschen, der die Gnade Gottes erkennt, die an ihm trocknet, was schwarz und belastend ist. Außerdem braucht der Mensch den Reibebaum des Lebens, seine Auseinandersetzung mit anderen Menschen, mit denen er sein Leben zu bewältigen versucht.

Es ist kaum zu glauben, aber auf diese Weise wird aus einem schwarzen Schwein – oder aus einem schwarzen Schaf – wirklich ein weißes. Dieser Prozess ist eine große Gnade, auch wenn sich alles sehr normal anhört. In den meisten Fällen leben wir in einem Massenstall, wo nicht nur Tiere, sondern auch Menschen zugrunde gehen, weil sie keinen Bezug mehr zum realen Leben haben.

Alle schwarzen Schafe (und alle schwarzen Schweine) und alle Menschen brauchen ihren natürlichen Lebensraum. In ihm können sie sich selber erfahren, aber auch in ihrer Beziehung zu anderen und vor allem zu Gott.

4. Alltägliches Tun wird zum Gebet

»Hilft das gegen meine geschwollenen Füße?«

Bei einem meiner ersten Exerzitienkurse in einem Kloster bemühte ich mich, den Mitbrüdern fundierte theologische und spirituelle Vorträge zu halten. Es waren etwa fünfzig Männer, die – aus ihrer Arbeit herausgerissen – mehr oder weniger konzentriert meinen Ausführungen folgten. Einer aber fiel mir auf, weil er mit großer Aufmerksamkeit jedem der Vorträge folgte. Ich sah es an seinem Gesicht, dass er stets sehr konzentriert versuchte, den Inhalt der Vorträge zu verstehen. Es war der alte, pensionierte Pförtner des Klosters. Ich war gespannt, ob er zu einem Gespräch kommen und mit mir über die Vorträge reden würde.

Als er dann tatsächlich eines Tages zu mir kam, fragte ich ihn, ob er mit meinen Gedanken etwas anfangen konnte. Er war sehr höflich und zurückhaltend. »Ja, ja«, meinte er dann, »die Vorträge sind sehr gut – ausgezeichnete Gedanken finde ich in ihnen. Früher habe ich mich selbst mit dem heiligen Augustinus und Thomas von Aquin beschäftigt – die sind auch gut gewesen.« Es schmeichelte mir, dass er mich mit Augustinus und Thomas verglich. »Aber«, fügte er dann hinzu »was hilft das alles gegen meine geschwollenen Füße?«

Ich war ziemlich betroffen. Sollen denn geistliche Übungen geschwollenen Füßen helfen? Am Ende will jeder noch von seinen Krankheiten und Leiden geheilt werden – das kann doch nicht der Sinn von geistlichen Übungen sein! Hatte ich etwa zu theologisch und spirituell gesprochen? Oder hatten vielleicht die ganz konkrete Lebenspraxis, die Freude und das Leid, der Herzschmerz und die geschwollenen Füße doch etwas zu tun mit geistlichen Übungen?

Jesus hat den Menschen stets in seiner Ganzheit angesprochen – und er hat die frohe Botschaft so verkündet, dass die Lahmen gehen und die Blinden sehen konnten. Seit der Begegnung mit dem alten Pförtner weiß ich, dass die Verkündigung des Wortes Jesu immer auch eine Hilfe für die geschwollenen Füße sein muss.

Das Gebet ist eine spirituelle Wirklichkeit, die sich in irgendeiner Weise immer auch in der Realität des Lebens auswirken muss – bei unserem Pförtner also auf seine geschwollenen Füße. Wenn ein Gebet keine Auswirkungen auf die Lebenspraxis hat, wenn sich also zumindest langfristig im konkreten Leben nichts ändert, dann hat man beim Beten vermutlich etwas falsch gemacht. Gebete dürfen nicht akademisch und intellektuell bleiben, sondern müssen wirklich »Fleisch werden«; sie machen den Menschen offen und sensibel, geben ihm Freude oder Nachdenklichkeit, Glücksgefühle oder manchmal auch die schmerzvolle Erkenntnis, dass er sein Leben ändern muss. Menschen, die eine Gottesbeziehung erfahren haben, erkennt man meist an ihrem Verhalten – es ist die ganz natürliche Auswirkung ihrer Gebete im praktischen Leben. Zugleich ist dies der Unterschied zu vielen Philosophen, die sich zwar theoretisch tief hineingebohrt haben in Erkenntnisse des Geistes, deren verkopftes Denken aber keine Auswirkung auf ihr Leben hatte.

Gebete durchdringen alle Lebensbezüge, sie wirken sich nicht nur auf seelische und geistige Zustände aus, sondern auch auf den Körper. Mit deinen Gebeten kannst du körperliche Erfahrungen machen – auch bei Krankheiten, die du annimmst oder bekämpfst. Auch auf deine Arbeit oder auf die Beziehungen zu anderen Menschen wirken sich Gebete aus – und natürlich auf deine Gottesbeziehung. Die Auswirkungen des Betens sind keine lautlosen, intellektuellen Vorgänge, sondern konkret spürbar im Leben.

Der Pfarrer und sein Vogel

Mein alter Heimatpfarrer hatte einen Vogel. Es war ein kleiner gelber Wellensittich, der »Hansi« hieß. Er lebte in der Studierstube des Pfarrers in einem wunderschönen Käfig. Mit diesem Vogel hatte es eine merkwürdige Bewandtnis: Wenn nämlich der Pfarrer Besuch bekam, stellte er den Käfig samt Vogel draußen vor die Türe – als ob der Vogel die Studierstube und das Gespräch des Pfarrers bewachen sollte.

Einmal fragte ich meinen Pfarrer, warum er denn seinen Vogel vor die Türe stellt, wenn er mit jemandem spricht.

Er antwortete lächelnd: »Weißt du, es ist wichtig, dass ich meinen Vogel vor die Türe stelle, wenn ich mit jemandem rede; denn dieser kleine Vogel mischt sich in jedes Gespräch ein. Er zwitschert ununterbrochen dazwischen, ob ich will oder nicht. Außerdem: Wenn der Vogel vor der Tür steht, wissen alle, dass ich gerade mitten in einem Gespräch bin und nicht gestört werden darf.«

Ich habe später viel über Gesprächsführung gelernt und habe mich mit der Aufmerksamkeit in Gesprächen auseinandergesetzt. Dabei kommt mir immer wieder in den Sinn, dass ich nur dann mit einem Menschen konzentriert und gut sprechen kann, wenn ich meinen eigenen Vogel vor die Türe stelle. Es könnte sonst sein, dass dieser Vogel sich in das Gespräch einmischt, zwitschert und dazwischenpfeift, sodass ich die Folgen nicht mehr absehen kann. Deshalb ist es sinnvoll, den eigenen Vogel vor die Türe zu stellen, wenn du mit einem Menschen sprichst.

Nur jemand, der für sich beansprucht, sein Vogel sei der Heilige Geist, wird ihn bei sich behalten. Aber es ist äußerst selten der Fall, dass sich der heilige Geist Gottes im persönlichen Vogel offenbart – meistens ist das eine Einbildung. Besser ist es, sein Herz und seinen Geist zur Ruhe zu bringen und aufmerksam zuzuhören, damit das Anliegen des anderen Menschen verstanden werden kann.

Was diese Geschichte mit Beten zu tun hat? Beim Beten sitzt der Mensch häufig auch in einem Käfig, aus dem er nicht herauskommen kann oder will. Er ist mit seinem Leid, seinen schlechten und guten Erfahrungen, mit wichtigen oder unwichtigen Dingen in sich selber gefangen – sie beschäftigen ihn und verhindern, dass er zu seinem innersten Kern vordringt, der fürs Gebet wichtig ist; denn im Gebet stellt der Mensch eine Beziehung zu Gott her. Aber dazu muss er erst einmal die Belastungen wahrnehmen und den Müll wegräumen, der im Wege steht. So öffnet er seinen innersten Wesenskern, sein Herz. Das Zwitschern des Vogels ist wie eine Störung: Man ärgert sich über eine Tante, über die Kinder, über eine Ungerechtigkeit – und vor lauter Emotionen kommt der Mensch nicht zum Gebet.

Jeder trägt in seinem Leben den Vogel mit sich herum, der ihn ablenkt.

Manche sagen, du sollst den Vogel einfach ignorieren, wenn du dich in ein Gebet versenkst. Es sei, meinen sie, lediglich falsch, dass man in so einem Moment der Störung darüber nachdenkt, wo der Vogel in dieser Sekunde wohl sitzt und warum er so aufgeregt pfeift. Aber besser ist es tatsächlich, den Vogel draußen abzustellen, damit man ihn nicht hört. Das gibt dir Ruhe und Frieden für dein Gebet. – Später kannst du den Vogel wieder hereinlassen.

Wenn allerdings dein Vogel nie zur Ruhe kommt und du dich von den störenden Gedanken und Empfindungen einfach nicht frei machen kannst, dann ist es sinnvoll, dass du dich mit der Ursache dieser ständigen Störung intensiv auseinandersetzt. In der Regel sind es immer die gleichen Gedanken, die in dir aufsteigen und dich beschäftigen. In so einem Fall kannst du die Störung selbst zum Gebet machen, indem du die Gründe für deine innere Auseinandersetzung erforschst. Du sprichst dann mit Gott wie mit einem guten Freund, den du um Hilfe anrufst – und vielleicht stellt sich schon bald eine innere Fähigkeit ein, wie du mit deinem Vogel umgehen kannst. Es bringt jedenfalls nichts, wenn du dich zu einem Gebet hinquälst, während dich ein ganzer Vogelschwarm umschwirrt. Genauso verkehrt wäre es, wenn du deine Absicht zu beten einfach beendest, weil der Vogel dauernd dazwischenpfeift. Denn er wird nicht auf Dauer verschwinden, sondern stört dich morgen oder übermorgen erneut. Erst die innere Auseinandersetzung mit der Ursache dieser Störung macht dir den Weg frei zum Gebet.

Eine Gewissheit dürfen wir aber haben. Gott liebt alle seine Geschöpfe, auch deinen Vogel – und manchmal kann sein Gezwitscher ein Gebet werden, weil Gott ihn hört.

Beten ist wie Kauen

Fasten heißt: das Leben nicht zu vernachlässigen, sondern zu achten.

Aber was vernachlässigt ein Mensch in seinem Leben?

In unserer Industriegesellschaft leiden die Menschen nicht daran, dass sie zu wenig haben, sondern zu viel. Das Leben vernachlässigen, bedeutet, dass man überlastet ist, die eigene Kraft nicht erkennt, seine Grenzen nicht beachtet und alles in sich hineinfrisst, ohne zu kauen. Gegen die Vernachlässigungen im Leben hilft vor allem bedächtiges Kauen. Die meisten Menschen kauen ihre Erfahrungen nicht, sondern verschlingen sie, wie sie sind – und handeln sich dann häufig ein Magengeschwür ein.

Im geistig-seelischen Bereich ist die »Zerkleinerung« genauso wichtig wie beim Essen, sonst erstickt man an den Brocken, die verschlungen werden. Leider sind viele Menschen zahnlos geworden. Wenn jemand nicht mehr »bissig« ist, geht er am Leben vorbei. Der Mensch muss natürlich nicht gleich eine ständig keifende »Beißzange« werden, aber sein Leben und seine Erfahrungen sollte er gut kauen und zerkleinern. Die Fastenzeit ist eine sinnvolle Gelegenheit, einmal ganz bewusst zu kauen und zu beißen – so entsteht eine neue Achtung vor dem Leben. Oft scheiterst du an Schwierigkeiten und Problemen, weil sie dich erschrecken, weil du sie ablehnst oder verschlingst. Deshalb sind sie unverdaulich.

Wenn du deinen Körper und deine Seele vernachlässigst, tust du dir selbst und den anderen nichts Gutes – letztlich führt dieses Nicht-Beachten zum Tod. Wir wissen, dass die meisten Krankheiten und Todesfälle in unserer Gesellschaft aus der Nachlässigkeit gegenüber dem Leben kommen, und zwar vom Übermaß: zu viel essen, zu viel trinken, zu viel rauchen, zu viel Ärger. Deshalb ist es sinnvoll, in der Fastenzeit diese

Belastungen einmal zu meiden und durch ein »Weniger« mit Aufmerksamkeit und Achtung das Leben zu fördern.

Beten ist auch wie Kauen. Im Gebet zerkaut und zerkleinert der Mensch seine Leckerbissen genauso wie die harten Brocken, die ihm das Leben beschert. Fasten bedeutet nicht, dass gehungert wird, sondern dass der Mensch alle Dinge – grobstoffliche Speisen wie spirituelle Nahrung – bewusst aufnimmt, verarbeitet und das Unverdauliche ausscheidet. Den gleichen Rhythmus hat das Gebet. Leider haben sich viele Menschen auch beim Beten ein Fast-Food-Verhalten angewöhnt: wie ein Big-Mac wird oft das vorformulierte Standard-Gebet konsumiert. Dabei müsste ein Mensch wieder fähig werden, im Gebet die eigenen Gedanken und Wünsche, die Gefühle und Ängste, die Erfahrungen und Hoffnungen wie ein trockenes Stück Brot zu bearbeiten, zu zerkleinern und einzuspeicheln, damit alles gut aufgenommen und verdaut werden kann – bis hin zur Ausscheidung dessen, was für die Seele überflüssig ist.

Deshalb ist es wichtig, wieder richtig kauen zu lernen – als Training fürs Gebet. Das Gebet selbst ist vergleichbar mit einem guten Gebiss: Es hilft dir, die Brocken des Lebens zu zerkleinern. Jeder weiß, wie schwer es im Leben ist, die großen Brocken verdauen zu können – das gilt fürs Essen genauso wie für die Seele und den Geist. Im Gebet kann sich der Mensch ein Problem nach dem anderen vornehmen. Er zerkleinert sein Leben in Happen, die er einzeln betrachtet – und Gott vorlegt. Wie beim normalen Essen der Speichel die Verdauung einleitet, so wird beim Gebet ein »göttliches Ferment« helfen, die seelische und geistige Nahrung aufzunehmen.

Saustall am Heiligen Abend

Es war am Heiligen Abend. Ich war ein junger Mönch, eingebildet und eitel, saß in meiner Zelle – und mit einer geistlichen Lesung bereitete ich mich auf das große Fest vor. Da klopfte es. Draußen stand ein alter Mitbruder, der in den Stallungen des Klostergebäudes die Schweine versorgte. »Ich bitte dich«, sagte er, »komm und hilf mir. Der Saustall ist noch nicht gemistet.«

Ich war völlig durcheinander. Was sollte ich sagen? Ich hatte geduscht und mir meinen neuen Habit angezogen. In mir und um mich herum war schon Weihnachten – da sollte ich jetzt den Saustall ausmisten?!

So antwortete ich: »Ach, es kommt doch nicht darauf an, ob der Saustall jetzt gemistet wird oder nicht. Das hat sicher Zeit bis nach Weihnachten.«

Der alte Bruder sagte nur: »Nein, Johannes, das ist nicht egal. Auch eine Sau braucht einen Feiertag.«

Ich war gerührt und beschämt von der Liebe des alten Bruders zu seinen Tieren und von der Ehrfurcht, die er in seiner Einfachheit und Liebe dem Weihnachtsfest entgegenbrachte.

Wenn man sich daheim auf das Weihnachtsfest vorbereitet und versucht, sich selbst, seine Gedanken, das Haus und die Familie in beste Feiertagsstimmung zu bringen, dann wird sich hoffentlich nicht irgendwo noch ein kleiner oder größerer »Saustall« verbergen. Manche sind – wie ich damals – ganz entsetzt, wenn unmittelbar vor oder an Weihnachten sich ein quiekendes, schmutziges Schweinchen meldet und auch seinen Feiertag haben möchte.

Auch wir Menschen haben – wie jede Medaille – zwei Seiten: vorne die schöne Paradeansicht und hinten die eher graue »Werktagsansicht«. Und wir neigen dazu, immer mit unserem inneren und äußeren Christbaumschmuck vor die Menschen und vor Gott zu treten.

Aber wir haben auch unsere Schattenseiten, die man natürlich nicht so gerne zeigt. Es nützt wenig, dass du dich mit gregorianischen Chorälen und Halleluja in erhabene Stimmung versetzt, wenn du deine kleinen und größeren »Schweinereien« vertuschst. Es bleibt dir nicht erspart, dass du deinen persönlichen »Saustall« aufräumst – er ist halt ebenso Teil des Lebens wie deine Paradeseite. Du kannst nicht nur im Sonntagsanzug umherlaufen – im Stall ist er sowieso fehl am Platz.

Jesus hat es uns vorgelebt: Er ist in den Stall gegangen zu Armen und Kranken – nicht zu den Reichen. Auch in anderen Religionen ist es ähnlich.

Im Gebet öffnest du Gott deinen »Saustall« – und lässt ihn herein. Mein alter Mitbruder hat es mir damals auf einfache Weise vor Augen geführt. Sein Beispiel gilt auch fürs Beten: Du zeigst nicht nur deine Schokoladenseiten. So kannst du Gott bitten, dass er dir beim Aufräumen hilft – und dass er dich nicht alleinlässt, auch nicht im »Saustall«. Es ist deine Bitte und Einladung im Gebet, dass Gott mit dir nicht nur bei deinen frommen Gedanken solidarisch ist, sondern auch bei deinen Schwächen und Fehlern, bei deinen dunklen Seiten und im Chaos.

Ein österreichischer Landwirtschaftsminister hat dafür einmal ein wunderbares Beispiel gegeben. Bei einem Staatsbesuch führte er seinen chinesischen Kollegen direkt in den Schafstall seines Bauernhofes – mit der Begründung: Wenn der hohe Gast aus China ernsthaft sehen will, wie wir hier leben und arbeiten, dann muss er sich meinen Stall anschauen. Alle Besucher und Gäste waren berührt von dieser Offenheit, die den eher herzlosen Staatsbesuch in ein gemeinsames Erlebnis verwandelte.

Ganz ähnlich ist es beim Gebet, wenn man vor Gott nicht

nur seine guten und schönen Seiten präsentiert, sondern ihn auch zu seinen Schwächen und Fehlern einlädt.

Verzeihen

Wohl jeder ist in seinem Leben von anderen Menschen schon verletzt worden, hat Schmerz erfahren. Der Schmerz wirkt umso stärker, je mehr er den Menschen im Innersten berührt. Das trifft vor allem dann zu, wenn zur Verletzung auch noch Enttäuschung und Kränkung hinzukommen.

Was kränkt, macht krank – sagt der Volksmund. Es kann wohl so sein, aber wirklich krank macht einen Menschen vor allem das, was er nicht verzeihen kann. An Leib und Seele erkrankst du, wenn du physische und psychische Schmerzen nicht ausdrücken kannst, wenn du alles in dich hineinfrisst und dein inneres Gleichgewicht dadurch gestört wird. Heilung geschieht meist nur durch das Verzeihen. Aber Verzeihen ist eine Haltung, die wir leider verlernt haben.

Verzeihen ist nicht vergessen. Du musst wissen, was dir wehtut und wer dich verletzt hat. Verzeihen bedeutet auch nicht, dass du aufgrund eines Vorteils auf Rache verzichtest. Es ist auch kein Beschönigen oder – um des lieben Friedens willen – ein Ruhegeben. Verzeihen ist eine Haltung des Selbstbewusstseins und der Demut.

Verzeihen heißt, aus der Schuld des anderen keinen Gewinn zu schlagen. Wenn du verzeihen willst, muss du um die eigene und die fremde Schwäche wissen und ihr mit Ehrfurcht begegnen. Nur wenn du der Schuld, der Schwäche und dem Versagen eines anderen mit Ehrfurcht begegnest, entsteht für ihn – und für dich selbst! – eine neue Lebensmöglichkeit.

Die Haltung des Verzeihens gegenüber anderen wirst du nur üben können, wenn du dir auch selbst verzeihen kannst, sonst werden dich deine Schuldgefühle niederdrücken. Sie sind meistens Zeichen dafür, dass du aus deiner Schuld Kapital schlägst, weil du dich selbst und deine Fehler nicht annehmen kannst. Leider verzeihen sich viele Menschen selbst keinen Fehler.

Gott lehrt diese Haltung des Verzeihens. Er begegnet den Menschen immer wieder neu mit Ehrfurcht und Liebe – und schenkt ihnen auf diese Weise neue Chancen und Entwicklungsmöglichkeiten im Leben.

Verzeihen ist eine große innere Kraft, die dein Leben bereichert. Wenn dich jemand verletzt hat und du trägst es ihm immer nach, wirst du dich nicht gut dabei fühlen. Es belastet dich – das Problem ist also bei dir, nicht beim anderen.

Wer nicht verzeihen kann, ist auch nicht imstande, eine Kommunikation aufzubauen. Deshalb ist es wichtig, dass du dem, der dich verletzt hat, die Schuld nicht nachträgst, sondern sie auflöst. Die meisten Menschen empfinden ihr ganzes Leben lang, dass sie ungerecht behandelt werden – und weisen den anderen die Schuld zu. Umgekehrt ist es genauso: Jeder fügt anderen Menschen Verletzungen zu. Um aus diesem Teufelskreis herauszukommen, müssen die Menschen verzeihen lernen.

Menschen sind in ihren Fähigkeiten begrenzt, sie machen Fehler und behindern sich gegenseitig in vielfacher Weise. Sie leben im Zustand der Unvollkommenheit und müssen sich das Denken und Handeln, das sich daraus entwickelt, gegenseitig verzeihen. Im gleichen Maß, wie du dem anderen sein Leben – mit allen Schwächen und Ungerechtigkeiten – erlaubst, wird auch dir dein Leben erlaubt werden. Diese Grundhaltung kannst du auch Gott gegenüber anwenden: Du haderst nicht mit deiner Unvollkommenheit, sondern verzeihst ihm, dass er dich mit all deinen Fehlern und Unzulänglichkeiten geschaffen hat, wie du eben bist.

Die höchste Form des Verzeihens ist die Dankbarkeit –

Dankbarkeit dafür, dass du dem anderen Menschen, der in deiner Schuld steht, nichts mehr vorwirfst. Du hast seine Verletzung überwunden, erlässt ihm die Schuld, verzeihst sie – und bist dafür dankbar. An guten Freunden, mit denen du in Eintracht lebst, kannst du deine eigenen guten Eigenschaften wie Hilfsbereitschaft, Toleranz, Mitgefühl usw. selten prüfen. Erst ein unsympathischer Mensch, ein Gegner, jemand, der dich verletzt, stellt dich auf den Prüfstand – bei ihm kannst du verzeihen lernen und dankbar sein.

Diese Haltung drückt sich auch im Gebet aus. Jesus hat uns gezeigt, wie wir handeln sollen: »Es ist euch gesagt: Du sollst deinen Freund lieben und deinen Feind hassen. Ich aber sage euch: Liebt eure Feinde und tut Gutes denen, die euch hassen, dann werdet ihr Kinder Gottes heißen.«

Das ist die Umkehrung aller alten Maßstäbe.

Im Gebet kannst du Verzeihung einüben. Du bittest Gott um Verzeihung für die Fehler, die du ständig machst – und du verzeihst dir diese Schwächen auch selbst. Im Gebet machst du dir deine Unvollkommenheit bewusst, ohne dich in ein Minderwertigkeitsgefühl hineinzubegeben. So wird dein Gebet auch zur Selbsterkenntnis: Du hast Fehler gemacht, stehst dafür ein – und bittest Gott um Verzeihung.

Vom Kochen und Beten

Viele Menschen entdecken in sich die Sehnsucht nach dem Gebet – und fragen, wie sie es lernen können. Oft sind sie ratlos, weil sie sich mit dem Beten schwertun.

Ich rate meistens davon ab, ein großes Gebetbuch zu kaufen und die vorformulierten Gebete herzusagen. Natürlich können solche Gebete auch helfen – wie ein Rezept aus dem Kochbuch. Aber oft haben die Menschen wenig Erfahrung und wissen nicht, was bei diesen Gebeten herauskommt.

Eines ist natürlich richtig: Kochen und Essen kann man lernen – und Beten auch.

Die Voraussetzung fürs Kochen und Essen ist – der Hunger. Ohne Hunger, Freude und Lust am Essen spürst du nicht, dass dein Leib etwas braucht.

Genauso ist es mit dem Gebet.

Du musst Hunger haben und dich danach sehnen, mit dir selbst, mit anderen Menschen und mit Gott in Beziehung zu treten – nur eben auf eine andere Art und Weise als bisher. Wenn du keinen Hunger nach dem Gebet hast und keine Freude daran, dann wird es dir schwerfallen, beten zu lernen. Und was du beim Kochen und Essen zusammen mit Freunden so genießt, gilt auch fürs Gebet: Alleine ist es weniger genussvoll als gemeinsam mit anderen Menschen. Denn die Freude wird noch stärker, wenn du fähig bist, mit anderen zu teilen. Aber wenn du keinen Hunger nach Gott und dem Leben hast, dann wirst du weder kochen noch beten wollen.

Rezepte und Kreativität

Zum Kochen brauchst du ein Rezept – aus einem Buch, aus einer Zeitschrift oder eines, das du von jemandem gelernt hast. Es kann auch sein, dass du deine eigene Kreativität entfaltest und selbst ein Rezept entwickelst. Das erfordert allerdings einige Erfahrung – beim Kochen genauso wie beim Beten. Aber fertige Rezepturen sind mit Vorsicht zu genießen; denn die Fotos neben den Rezepten gaukeln dir meistens vor, wie einfach und kinderleicht Kochen ist. Dasselbe gilt für das Gebet.

Trotzdem kannst du beim Kochen lernen, wie du beten sollst.

Die Vorbereitungen

Zuerst wirst du viele Dinge tun müssen, um dich aufs Kochen vorzubereiten: einkaufen oder zumindest deine Speisekammer und die vorhandenen Vorräte überprüfen. Fragen tauchen auf: Was kann ich jetzt kochen – für wen tue ich es und für wie viele Gäste?

Beim Gebet ist es ähnlich. Du schaust dein Leben an: Welche Sorgen drücken dich, welche Bewegungen gehen in dir vor? Solche Vorbereitungen sind für das Gebet unbedingt notwendig. Und wie du zum Kochen eine Küche, Töpfe, Messer und viele andere Dinge brauchst, so sind auch für das Gebet ein Raum und bestimmte Werkzeuge erforderlich. Nicht jedes Werkzeug eignet sich zum Kochen einer bestimmten Mahlzeit – und nicht jedes Gebet ist geeignet, um in einer ganz bestimmten Zeit und Situation zum Ziel zu führen. Du brauchst also nicht nur ein Rezept, sondern auch Kreativität. Vielleicht hilft dir sogar ein Rezept, um deine eigene Kreativität zu entfalten. Ganz sicher jedoch brauchst du eine ganze Menge Erfahrungen, wenn du kochen oder beten willst.

Zeit und Mühe und Übung

Natürlich ist es verlockend, irgendein Fertiggericht aus dem Tiefkühler zu nehmen und es in der Mikrowelle aufzuwärmen. Genauso scheint es mit einem vorgefertigten Gebet zu sein, aber das versperrt dir meist wichtige Erfahrungen: dass du dich nämlich nicht selbst wahrnimmst, dass du keine eigene Kreativität entwickelst – und dass du dir selbst, der Schöpfung und den Menschen keine Ehrfurcht erweist.

Die Zeit der Vorbereitung ist mühsam – beim Beten wie beim Kochen. In der Küche musst du Gemüse säubern und schneiden, musst einen Teig kneten und ein Gericht abschmecken – und beim Beten ist die Vorbereitung nicht einfacher. Viel Übung ist notwendig, die du nur bekommst, wenn du ein und dieselbe Sache immer wiederholst.

Und du musst stets sauber arbeiten. Den Zucker darfst du nicht einfach mit dem Salz vermischen – und die Kartoffeln, die zum Teig verarbeitet werden, dürfen im heißen Wasser nicht zerkochen.

Alles braucht seine Zeit, seine Ordnung und seine Abläufe.

Ein Bittgebet ist schnell einmal dahergesagt, der Lobpreis schnell gesungen. Aber mit dem Kopf und dem Herzen dabeizubleiben, immer wieder die mühevolle Anstrengung zu unternehmen, um dich auf die eine Sache zu konzentrieren – und nicht nachzulassen, auch wenn dir einmal eine Speise, die du gekocht hast, nicht gelungen ist: Wie schwierig ist das!

Viele, die mit dem Beten beginnen und irgendeine Rezeptur, eine Anweisung übernehmen, resignieren oft nach dem ersten Versuch, wenn er nicht perfekt geglückt ist. »Es hat nicht geklappt«, sagen sie, »das Rezept war dumm. Der Koch, von dem es stammt, hat keine Erfahrung.« Äußerlich stimmt das vielleicht, doch in Wirklichkeit, im tiefsten Innern, bist du selbst nicht sorgfältig genug gewesen und hast wahrscheinlich zu wenig geübt.

Zutaten, Gewürze und der Heilige Geist

Zum Kochen braucht man bestimmte Zutaten und Gewürze. Sie erst machen den besonderen Geschmack einer Speise aus. Dasselbe gilt für das Gebet: Die Grundsubstanzen allein genügen nicht. Viele, die mit dem Gebet beginnen, werfen ihre Zutaten in einen großen Topf, entfachen darunter ein Feuer und wundern sich, dass am Ende nichts Gutes dabei herauskommt, sondern nur eine trübe Brühe, die niemandem schmeckt. Deshalb ist beim Kochen und beim Beten die Sorgfalt so wichtig. Die Zutaten müssen aufeinander abgestimmt werden, und vor allem wirst du dir genau überlegen, welche Gewürze du brauchst. Gewürze sind wie ein Symbol des Heiligen Geistes: Mit ihnen schmeckst du deine Speise ab. Gewürze geben der Speise ihren unverwechselbaren Charakter. Sie überdecken nicht die Zutaten, sondern entfalten die Grundstoffe erst zu ihrer Vollendung. Im geistlichen Leben und beim Erlernen des Gebetes sind die Gewürze all das, was du sehen, riechen, schmecken, berühren und empfinden kannst. Deshalb sind unsere Sinnesorgane beim Beten wichtig. Das Gebet muss dich anrühren – es entwickelt in dir die Fähigkeit, dass du auch schmeckst, was du gesagt, gedacht und gefühlt hast. Und falls du beim Beten vielleicht zu viel oder zu wenig dazugegeben hast, musst du es beim nächsten Mal ändern.

Eine Grundregel gilt bei Gewürzen immer: Je sparsamer und bewusster du mit ihnen umgehst, desto besser wird die Speise. Deshalb ist es auch gut und richtig, dass du dir bewusst wirst, welche Zutaten du für dein Gebet brauchst – dann wird sich in dir ein Gefühl und ein innerer Geschmackssinn dafür entwickeln, was dir schmeckt und bekommt.

Zutaten zum Gebet

Zu den Zutaten für das Gebet gehört auch die Suche nach einem guten Platz, nach einem Ort, an dem du in Ruhe bei dir sein kannst. Diesen Ort wirst du immer wieder suchen müssen, weil er sich im Laufe deines Lebens oftmals verändert. Am Ende wirst du vielleicht erfahren, dass dieser Platz in dir selbst ist – dann setz dich hin und bleibe ruhig. Solange du mit deinen Gedanken und Gefühlen beständig unterwegs bist und nie zur Ruhe kommst, wirst du nicht wirklich beten können.

Hier gibt es einen kleinen Unterschied zwischen Kochen und Beten – oder ist es vielleicht gar kein Unterschied? Beim Kochen und Beten haben wir meistens das Gefühl, dass wir selbst etwas machen. Aber bei allem Wissen um die Vorbereitungen, bei aller Kenntnis der Rezepturen und bei aller Übung – am wichtigsten ist es, dass wir das Geschehen an sich wirken lassen. Wenn wir kochen oder beten und es gelingt uns etwas, dann ist das natürlich ein schöner Erfolg für unsere Bemühungen. Aber dass es wirklich gelingt, dass echte Freude aufsteigt – das ist ein Geschenk. Freude und innere Erfüllung sind immer ein Geschenk. Deshalb hinkt an dieser Stelle der Vergleich zwischen Kochen lernen und Beten lernen ein wenig – für das Gebet ist es eine Grundvoraussetzung, dass man weiß: Du bist in Wirklichkeit immer eingeladen und musst selbst nicht sehr viel tun.

Besessenheit und liebende Aufmerksamkeit

Manchmal ist ein Mensch ganz besessen davon, ein Ziel zu erreichen – und dann gelingt oft gar nichts mehr. In so einem Fall fehlt dem Menschen die liebende Aufmerksamkeit. Besessenheit hat nichts mit dem Teufel zu tun – und liebende Aufmerksamkeit nur wenig mit Gott. Beide Haltungen betreffen dich selbst.

Es geht um Besitzen und um Besitzen-Wollen. Wenn du diesen Mechanismus nicht durchschaust, gerätst du außer dir und bist nicht mehr bei dir selbst.

Ein Kind, dem ein Erwachsener den Ball zuwirft, fängt ihn auf. Es lernt, mit dem Ball umzugehen und ihn wieder zurückzuwerfen. Das ist das Spiel des Lebens: zuwerfen, geben, nehmen, zurückwerfen.

Es kommt die Zeit, in der das Kind den Erwachsenen nicht mehr braucht. Das Kind wird seine eigenen Erfolge und Misserfolge erfahren – und irgendwann alleine oder mit anderen spielen. Du selbst wirst schließlich ein alter Mensch werden, der sich über die Ballspiele der Enkelkinder freut. Aber du musst nicht mehr mitspielen.

Liebende Aufmerksamkeit lässt das Leben los, um es zu gewinnen. Die Besessenheit führt immer dazu, mitspielen zu wollen. Dabei musst du die Tricks kennen und willst gewinnen, denn nur die Gewinne zählen. Liebende Aufmerksamkeit aber braucht keine äußeren Erfolge. Sie ist eine Haltung, die die Runzeln und Falten im eigenen Gesicht und in der eigenen Seele erkennen kann und um ihre Geschichte weiß. Das Leben selbst ist durchsichtig geworden: In dem Augenblick, da du meinst, das Leben besitzen zu müssen, entschwindet es schnell.

Besessenheit lässt kein Vertrauen entstehen, muss alles verteidigen, rechtfertigen, anklagen. Jeder Fehler ist ein Eigentor und zählt als Minus. Die Besessenheit richtet deine Aufmerksamkeit nicht auf das Innere, sondern auf die Hülle.

Wer das Leben mit Aufmerksamkeit beachten kann, wird es in großer Fülle erleben. Diesem Menschen wird ein Schatz geschenkt, der allerdings immer dann wieder entschwindet, wenn man glaubt, ihn zu besitzen.

Hinter dieser Erfahrung steht die Frage: Was macht den Menschen wirklich frei – Besitz oder Loslassen? In diesem materiellen und geistigen Konflikt steht jeder Mensch. Viele glauben, dass sie endlich frei sind, wenn sie Gott besitzen. Aber das ist der gleiche Trugschluss wie der Besitz eines Menschen. Nur wer alles loslassen kann, wird alles besitzen.

Auch im Gebet spiegelt sich diese Haltung wider. Viele Menschen wollen im Gebet Gott zu sich heranholen, damit er ihnen in ihrer Not hilft: vielleicht wegen einer plötzlichen Krankheit, einer Ehekrise oder Schwierigkeiten im Beruf. Also braucht der Mensch jetzt Gott, der alles wieder in Ordnung bringen soll. Aber in so einem Gebet erhebt der Mensch einen Besitzanspruch auf Gott, bei dem er sein Glück erzwingen will. Es wird nicht funktionieren.

Also keine Bittgebete? Am Bittgebet scheiden sich tatsächlich die Geister, weil es eben dem Besitzanspruch an Gott sehr nahe steht – und häufig zu einem »spirituellen Geschäft« verkommt: Der Mensch betet zu Gott und erwartet dann als Gegenleistung die Lösung seines Problems. »Bittgebete sind oft eine Gratwanderung an der Grenze der spirituellen Legalität«, sagte einmal ein Mönch. Wer jedoch beim Beten innerlich frei ist und durch seine Bitte keinen egoistischen Zwang ausüben will, sondern nur seine Not darlegt, kann natürlich Bittgebete sprechen. Aber wenn jemand dem Heiligen Antonius im Opferstock zehn Euro spendet und ihn darum bittet, dass er den verlorenen Geldbeutel mit 200 Euro wieder findet – der macht aus dem Bittgebet ein Geschäft.

Eine andere Qualität hat das Bittgebet, wenn es nicht um die eigene Person geht. Wer Gott bittet, einem Freund, dem Bruder, dem Nachbarn in dessen schwerer Not beizustehen, äußert keinen persönlich Besitzwunsch. Was damit gemeint ist, drückt sich wunderbar im »Vaterunser« aus: »Dein Wille geschehe« heißt es da, nicht meiner. In dieser Form ist das Bittgebet sinnvoll: nicht zu fordern, sondern sich mit seiner Bitte ganz in den Willen Gottes hineinzustellen.

Natürlich ist es normal, dass ein Mensch Gott um etwas bittet – um Linderung seiner Schmerzen, um Gesundheit für ein krankes Kind, um Frieden in der Ehe. Aber mit der Bitte darf keine Forderung verbunden werden – schon gar nicht, dass der Bittende davon sogar seine künftige Gottesbeziehung abhängig macht, falls sein Flehen nicht erhört wird.

Ora et labora – bete und arbeite

Ich stand am Krankenbett einer Frau und wir beide wussten, dass diese Krankheit sie in eine Extremsituation hineingeführt hatte. Niemand, auch nicht die Ärzte, konnten vorhersehen, ob die Frau jemals wieder gesund werden würde – und doch war sie nicht unzufrieden oder verzweifelt. Sie sagte mir: »Jetzt kann ich nicht einmal mehr beten, jetzt muss ich diese Krankheit einfach aushalten und an ihr arbeiten.«

In dieser Lebenssituation, die sie an die Grenze ihrer Existenz gebracht hatte, erkannte sie, dass vielleicht das Gebet mit Worten nicht mehr notwendig war, sondern dass es jetzt nur noch wichtig war, ihr Leben und ihre Krankheit zu bearbeiten.

Wir wissen, wie schwer es ist, Gebrochenheit und Leid, Verlassenheit oder Krankheit zu ertragen. Viele spüren dann die Einsamkeit und das Alleingelassensein, auch wenn sie mitten unter den Menschen leben. Der Schrei der Verzweiflung ist meistens lautlos geworden, weil niemand mehr laut schreien darf – das wäre ja unanständig. Kaum eine Gesellschaft toleriert heute solche Ausbrüche. Menschen, die ihre Not und ihren Schmerz herausschreien wollen und müssen, sind nicht mit dem konform, was wir noch erlauben oder ertragen können. Wenn wir an uns selber denken, dann wissen wir, wie groß Schmerz und Verzweiflung sein können, wie tief die Tränen sitzen und wie trocken die Mauern geworden sind, die um diese Tränengräben gebaut wurden.

Leid und Krankheit scheinen uns zu zerstören und machen uns unfähig zum Gebet. Doch wir werden im Laufe der Zeit erkennen, dass Leid und Krankheit auch die Folgen einer inneren Zerstörung sind, die zum letzten Aufschrei eines gequälten Menschen werden, der nicht mehr ein noch aus weiß. Diese menschliche Not, die wir alle in irgendeiner Form einmal erfahren, die uns oft sogar selber die Kehle aus Angst zuschnürt – diese Situation ist ein Gebet.

Immer dann, wenn uns Schmerz oder Freude die Tränen in die Augen treiben, können wir sicher sein: Diese Tränen sind auch ein Gebet. Im alten römischen Messbuch gab es ein eigenes Gebet um die »Gabe der Tränen«. Nüchternen Zeitgenossen mag es übertrieben erscheinen, Tränen als ein Gebet zu betrachten. Aber bei näherem Hinsehen entdecken wir, dass das Beten immer mit den innersten Bewegungen des Menschseins, des Herzens zu tun hat. In solchen Lebenssekunden sprichst du mit all deinen Gefühlen und Empfindungen, auch wenn kein Wort mehr über deine Lippen kommt. Der heilige Benedikt sagt, dass wir dann richtig und wahrhaftig beten können, wenn wir wirklich angerührt sind – angerührt von den Tränen der Trauer und den Tränen der Freude.

Es geht um die Erfahrung, dass dich Gott mit seiner ganzen Liebe umfängt. In dem Augenblick, in dem du ganz leer und lauter bist, wirst du erfüllt von der Gegenwart und der Liebe

Gottes. Vielleicht sind es Tränen der Trauer wegen deiner menschlichen Unzulänglichkeit, vielleicht sind es Tränen der Freude, die dir in die Augen schießen, weil du soeben das Geschenk der Anwesenheit Gottes erfahren hast.

Der heilige Bernhard von Clairvaux sagte einmal: »Die Mönche sind zum Weinen da.« Damit meint er nicht, dass die Mönche depressive Heuler sein sollen; er will, dass sie angerührt sind von der Gegenwart Gottes. Das ist kein billiger Trost, sondern eine wirkliche Erfahrung: Immer dann, wenn du selber hineingeführt wirst in Leid oder Freude, wirst du zu einem wahrhaftigen Beter, auch wenn dir dabei die Worte fehlen. Gott selbst ist in die Welt gekommen, um durch das Leiden hindurchzugehen – und als Leidender selbst ein Betender, ein Zweifelnder, aber auch ein sich ganz Hingebender zu sein. Jesus wurde in seinem Leiden zum Beter – die Tränen am Ölberg sprechen für sich. Er erfuhr in seinem tiefsten Schmerz am Kreuz die Gnade, Worte des Gebetes zu finden: »Mein Gott, mein Gott, warum hast du mich verlassen?« Er schrie den Anfang eines Psalms aus sich heraus, als alles zugrunde zu gehen schien. Dieser Psalm beginnt mit den Worten »Mein Gott, mein Gott«, den er immer als seinen Vater erfahren hat. Und er endet mit dem Satz: »Deinen Ruhm will ich meinen Brüdern verkünden.«

Von der Bewältigung des Leides und der menschlichen Not kündet der Psalm 31, in dem der Beter sagen kann: »Erbarme dich meiner, o Gott, ich bin voller Angst, zerstört sind meine Seele und mein Leib.« Und im Psalm 16 heißt es: »Darum freut sich mein Herz und frohlockt meine Seele, auch mein Leib wird ruhen in Sicherheit.«

Im Zusammenhang mit dem Leiden als Gebet wird auch noch ein anderer Aspekt wichtig. Leiden heißt im Lateinischen »laborare«. »Labora«, also die Mühe, die Arbeit, die körperliche Auseinandersetzung gehören zu unserem Leben.

Der heilige Benedikt und sein Orden werden häufig mit dem Satz »ora et labora« gleichgesetzt. Nach der Benediktus-Regel sind die Arbeit, die wir Menschen verrichten, und die täglichen Mühen ein Gebet. Der Ordensstifter unterscheidet nicht die Arbeit des Herzens von der Arbeit mit den Händen – für ihn ist der Tischdienst oder der Küchendienst gleich dem Altardienst. Mit der richtigen Einstellung sind Arbeit und die Auseinandersetzungen um das tägliche Brot für Benedikt ebenso ein Gebet wie das Singen der Psalmen. Aus einer solchen Einsicht ergeben sich völlig neue Perspektiven, weil dann die Alltagsprobleme und die Arbeit selbst zum Gebet werden.

5. Sand im Getriebe

Nichts klappt wie am Schnürchen

Der Kaplan und die Jungschar-Leiter strahlten. Die Kinder für das Sommerlager waren versammelt, die Rucksäcke waren gepackt, das Essen war verstaut – endlich konnte es losgehen: ein richtiges Sommerlager! Die Vorbereitungen waren getroffen, jetzt musste alles klappen wie am Schnürchen.

Alle waren begeistert und jeder Einzelne wusste genau, was zu tun und zu lassen war. Es war ganz klar ausgemacht, was nicht erlaubt war, was jeder tun durfte – und wer zum Beispiel wann und wo abwaschen musste.

Im Sommerlager sollte alles klappen wie am Schnürchen!

Als die Gruppe wieder zurückgekommen war, hat sich herausgestellt, dass nichts wie am Schnürchen gelaufen war: Einer hatte sich beim Grillen die Finger verbrannt, die Kinder waren übernächtigt, der Kaplan war mit den Nerven fertig.

Die Jungschar-Leiter wollten schon das Handtuch werfen: Ob man nächstes Jahr noch einmal so ein Sommerlager machen wollte, war höchst fraglich. Denn es hatte nichts wie am Schnürchen geklappt. Die Buben hatten sogar in der Nacht geraucht und anschließend den Mädchen Honig in die Haare geschmiert. Zwei Kassettenrekorder waren heimlich mitgenommen worden und hatten unter den Bettdecken während der ganzen Nacht für Musik gesorgt – und beim Abwaschen des Geschirrs hatte es fast jeden Tag Ärger gegeben. Aber merkwürdigerweise waren fast alle, zumindest die Kinder, überglücklich. Heimlich erzählten sie von ihren großen und kleinen Schandtaten, von denen niemand erfahren sollte, und von dem Ärger, den die »großen Leute« mit ihnen hatten.

Im Sommerlager wurden alle Planungen über den Haufen geworfen, sodass nichts wie am Schnürchen klappte. – Wenn man das will, darf man kein Sommerlager machen!

Wer sich mit Kindern und Jugendlichen beschäftigt, braucht wenigstens eine der Eigenschaften Gottes: nämlich zu wissen, dass nichts wie am Schnürchen klappt. Gott ist kein Marionettenspieler, der die Menschen an der langen Leine führt. Er gibt uns die Fähigkeit, selbst zu gehen und zu handeln.

Die ganze Erde ist ein Jungscharlager Gottes: Da klappt nichts wie am Schnürchen, es geht drunter und drüber – und er gibt nicht auf. Gott wird sein Sommerlager weiter veranstalten, jeden Tag von früh bis spät, das ganze Jahr hindurch.

Zwischen manchen Menschen und Gott gibt es eine Oberlehrer-Kinder-Beziehung. Den lieben Gott sehen sie als Aufpasser, damit im Leben alles reibungslos funktioniert – immer genau nach den Geboten und Regeln, die jeder kennt. Aber das Leben ist ganz anders, weil dauernd etwas schiefläuft.

Da stellt sich die Frage: Bin ich selbst ein überforderter, unfähiger Zeitgenosse, der die Gebote nicht einhält oder macht Gott falsche Vorschriften – ist etwa seine »Gebrauchsanweisung« für die Welt verkehrt?

Auch im Gebet ist Gott nicht ein Oberaufseher oder Polizist, der an die Falschparker Strafzettel verteilt. Die Menschen machen Gott gerne verantwortlich für alles, was in der Welt passiert – Gutes wie Schlechtes.

Deshalb ist es sinnvoll, über sein eigenes Gottesbild nachzudenken. Gott hat in seiner Weisheit den Menschen als unvollkommenes Wesen in Freiheit erschaffen. Es ist ein Zeichen der Vollkommenheit Gottes, dass er uns Geschöpfe mit Mängeln und Fehlern ausgestattet hat. Zur menschlichen Natur gehört die Unfertigkeit, die Nicht-Perfektion – also kann nichts wie am Schnürchen funktionieren.

Wenn in der Welt alles fehlerfrei wäre, bräuchten wir keinen Gott – wir wären selbst wie er. Unvollkommenheiten, Schwächen und Fehler sind im Heilsplan Gottes eine Möglichkeit, dass etwas Gutes entstehen kann, manchmal aber auch eine Katastrophe.

Deshalb soll der Mensch auch im Gebet von Gott nicht Vollkommenes fordern – und nicht den Anspruch erheben, auf Erden müsse alles makellos und perfekt sein.

Du darfst ruhig vor Gott hintreten und ihm sagen, wie verkehrt vieles läuft, dass du dich selber oft chaotisch verhältst, dass eben nichts klappt. Ein Gebet ist immer auch Ausdruck menschlicher Unvollkommenheit. Der Apostel Paulus hat einmal gesagt, dass die Menschen nicht wissen, wie sie beten sollen, aber der Geist Gottes tritt für sie ein – gibt ihnen also die Möglichkeit, all das im Gebet auszudrücken, was ihr Herz bewegt.

Im Gebet ist immer ein Gefälle vorhanden: hier der unvollkommene Mensch, dort der vollkommene Gott. Aber diese Erkenntnis muss dich nicht ängstigen. Gott nimmt dich als sein Geschöpf im Gebet an, mit all deinen Schwächen – er kennt dich ja mit all diesen Fehlern.

Ein Rhinozeros im Gebet

In den allermeisten Fällen haben Menschen gute Absichten, wenn sie bestimmte Zwecke und Ziele verfolgen und versuchen, das Leben nach ihren Vorstellungen zu gestalten. Diese guten Absichten können aber auch ein großes Hindernis auf dem Lebensweg sein, vor allem wenn es darum geht, zu beten oder ein spirituelles Ziel zu erreichen.

Eine solche Erkenntnis enthält eine Geschichte, die von den Alchemisten des Mittelalters erzählt wird.

Die Alchemisten waren suchende Menschen, deren wesentliches Anliegen darin bestand, sich selbst, andere Menschen und auch die Materie zu verwandeln. Ihr ganz großes Ziel war es, aus jeder Art von Materie Gold zu erzeugen. Wenn man ihnen nun unterstellen würde, dass sie geld- und goldgierige Menschen waren, würde man ihnen jedoch Unrecht tun. Es ging ihnen nicht zuletzt um einen inneren Weg. Die Alchemisten hatten eine sehr strenge Hierarchie. Wer einen solchen Weg einschlug, der musste eine lange Lehr- und Gesellenzeit durchlaufen, um selbst einmal ein Meister zu werden. Von so einem Lernenden und Suchenden erzählt die Geschichte.

Er hatte sich auf den Weg der Wandlung und der Alchemie begeben und war durch die schweren Lehrlingsjahre hindurchgegangen. Die ersten Prüfungen hatte er mit großem Eifer bestanden, und nach den Jahren der Gesellenzeit stand er vor der großen Meisterprüfung.

Sein Lehrmeister ließ ihn zu sich rufen. Er offenbarte ihm, dass er zu der Überzeugung gelangt sei, dass nach den langen Lehrjahren die Zeit für die Meisterprüfung gekommen war. Und er überreichte ihm eine Pergamentrolle mit den Worten: »Auf diesem Pergament steht das tiefste Geheimnis der Alchemie und unserer Bruderschaft. Mit diesen Anweisungen kannst du jede Materie in Gold verwandeln. – Aber wenn du diese Anweisungen anwendest, dann darfst du nicht an ein Rhinozeros denken.«

Der Schüler nahm mit Freude und Dankbarkeit das Pergament entgegen, trug es nach Hause und bereitete sich darauf vor, die Anweisungen umzusetzen. Aber jedes Mal, wenn er die Pergamentrolle auch nur sah oder sie berührte, da tauchte in seinen Gedanken ein Rhinozeros auf, nicht nur eines, sondern viele Hunderte, ganze Rhinozerosherden.

Nach einigen Wochen der verzweifelten Übung mit den Rhinozerossen kehrte er erschüttert und traurig zu seinem Meister zurück. Mit Tränen in den Augen sagte er zu ihm: »Ich habe in meinem Leben noch nie an ein Rhinozeros gedacht. Aber jetzt, wenn ich an diese Pergamentrolle nur denke oder sie berühre, kann ich mich nicht mehr auf meine Arbeit konzentrieren.«

Verzweifelt legte er die Rolle mit dem Geheimnis der Alchemie wieder in die Hände des Meisters zurück und sagte: »Ich bin unfähig, den Weg weiterzugehen. Ich muss noch einmal von vorne anfangen.«

Sein Meister lächelte ihm ermutigend zu und sagte: »Jetzt hast du begriffen, worum es im Menschenleben geht.«

Oft verhindern gute Absichten und Zielvorstellungen unser Gebet. Es ist schwer, Absichtslosigkeit zu lernen, die uns innere Freiheit gibt und uns offen macht, an das Unmögliche zu glauben. Oft gelingt es »ungläubigen« Menschen besser als »leichtgläubigen«, weil Ungläubige nichts erwarten und vielleicht auch nichts mehr wünschen. Manchmal scheint es besser zu sein, keine Gottesvorstellung zu haben, weil man dann auch kein falsches Gottesbild hat.

Es ist fast paradox: Ausgerechnet was wir erreichen wollen, behindert unser Gebetsleben. Absichtslose Menschen, die vielleicht zufällig zu einem geistlichen Leben finden, haben es manchmal leichter. Vielen Menschen geht es oft wie dem Schüler der Alchemisten: In ihr Beten mischen sich Gedanken, Gefühle und Absichten, die das Gebet mehr behindern, als dass sie es fördern.

Das Gebet ist dann »verzweckt« und auf ein bestimmtes Ziel gerichtet. Der Betende hat keine innere Freiheit und keine Offenheit, um an das Unmögliche zu glauben.

Einer der wesentlichen Schritte hin zum Gebet ist die innere Leere, die zur Freiheit führt. Wer diesen Weg geht, weiß vielleicht nicht einmal, dass er betet. Sein Herz und seine Gedanken sind ganz darauf gerichtet, sich erfüllen und verwandeln zu lassen.

Deshalb sind Menschen, die herkömmliche Gebetsformen nicht gewohnt sind oder ganz ablehnen, auch tief betroffen, wenn sie an einem heiligen Ort oder in einem heiligen Raum angerührt werden und eine Gebetserfahrung machen. Sie erleben, dass ihr Herz betet, dass sie ganz frei, absichtslos und wie zufällig zu ihrem eigenen heiligen Zentrum gefunden haben. Je mehr dieses innere Zentrum des Lebens frei ist von all dem, was Menschen belastet, was sie erfreut oder ängstigt, desto eher gelingt die Verfügbarkeit des Herzens, die eine Voraussetzung für das Gebet ist. Das heißt natürlich nicht, dass du dich dem Zufall überlassen sollst, sondern dass du immer wieder einübst, frei zu werden von deinen Zielen, auch von denen, die dir nach deiner Meinung guttun.

Am schönsten drückt sich diese Haltung im Vaterunser aus: »Dein Wille geschehe, wie im Himmel, so auch auf Erden.«

Es ist also gar nicht notwendig, sich über ein Rhinozeros zu ärgern, das dir begegnet, sondern es als einen Hinweis zu empfinden, der dir zeigt, wie sehr du noch in dir selbst gefangen bist.

Auf nichts mehr warten?

Es war ein trauriger Besuch bei einem alten Ehepaar. Auf mein Klopfen öffnete niemand. Als ich das Haus betrat, sah ich die beiden in ihren Sesseln – sie schliefen vor dem laufenden Fernseher. »Wir warten auf nichts mehr«, sagte die alte Frau entschuldigend, »wir sitzen halt den ganzen Tag vor dem Fernseher oder schlafen. Früher war es noch anders. Da habe ich auf die Kinder gewartet, bis sie von der Schule heimgekommen sind, oder abends auf den Mann, auch auf den Monatsersten wegen des Geldes. Dann habe ich darauf gewartet, dass das Fernsehprogramm am Nachmittag angefangen hat – jetzt brauche ich nicht einmal mehr darauf zu warten, weil es mit der neuen Schüssel den ganzen Tag läuft. Ich weiß nicht mehr, worauf ich noch warten soll. Jetzt warten wir halt aufs Sterben.«

Für die beiden alten Menschen hatte das Leben schon aufgehört, weil sie nichts mehr erwarteten – nichts mehr für sich und nichts mehr von den Menschen.

Das Leben stirbt wirklich, wenn es keine Sehnsucht, keine Hoffnung, keine Zuversicht mehr gibt. Die Betäubungsmittel des Alltags, Essen und TV, eine gesicherte Rente, können diese Sehnsucht nicht ersetzen.

An die beiden Alten erinnere ich mich, wenn ich die Geschichte von Maria Lichtmess und den beiden Propheten Simeon und Hanna höre. Sie waren auch zwei alte Menschen, deren Leben von Leid und Freude angefüllt war. »Sie warteten auf den Trost Israels«, heißt es. Sie waren trotz ihres Alters voller Sehnsucht, Hoffnung und Glauben, voller Bewegung. »Täglich gingen sie in den Tempel«, schreibt die Bibel – jeden Tag waren Simeon und Hanna also auf Gott hin unterwegs. Und sie wurden getröstet.

Die beiden waren aber auch unterwegs zu den Menschen.

Sie begegneten Maria und Josef mit dem Kind. In dieser einfachen Begegnung, die sich viele Male in jedem Leben ereignen kann, wurden sie getröstet. Wie gut wäre es, wenn jung gebliebene alte Menschen und alt gewordene Junge mit Zuversicht und Sehnsucht einander begegnen würden. Der Trost Gottes würde ihnen geschenkt werden.

Der Dichter Mark Twain hat einmal geschrieben: »Als wir das Ziel aus den Augen verloren hatten, verdoppelten wir unsere Anstrengungen.«

Und Antoine de Saint-Exupéry, der große Franzose, sagte: »Wenn du nicht weißt, in welchen Hafen du segeln willst, kannst du unterwegs den Wind nicht nutzen.«

Wenn der Mensch kein inneres Ziel mehr hat, wenn er also nicht mehr weiß, wozu er lebt, dann wird sein Leben mühsam und leer. Leben braucht Sehnsucht und Entwicklung. Wer stehen bleibt und im Stillstand verharrt, ist tot, auch wenn er noch atmet und sich bewegt. Entwicklung bedeutet, dass der Mensch etwas erwartet, sich freuen kann. Wer im Leben keine Perspektiven mehr hat, dem nützen auch Geld und Besitz nichts.

Verkehrt ist es natürlich, wenn die Ziele nur aus unerfüllten materiellen Wünschen bestehen. Die beiden Alten, die vor dem TV-Gerät eingenickt waren, hatten eigentlich Sehnsucht nach Leben, aber sie haben es verschlafen. Ihnen fehlten innere Ziele. Viele Menschen haben heute leider keine solchen inneren Ziele mehr – sie leben nur noch nach außen orientiert: ein größeres Auto, mehr Geld verdienen, einen Sprung auf der Karriereleiter, Urlaub in der Südsee, einen attraktiven Partner, sorgenfrei leben.

Jeder Mensch trägt in sich, oft auch unbewusst, die Frage nach dem Sinn des Lebens. Die Jagd nach materiellen Wünschen kann darauf keine Antwort geben. Deshalb ist es sinnvoll, die Ziele nach innen zu verlegen – hin zur Wirklichkeit Gottes.

Geistliches Leben beginnt in dem Augenblick, da ein Mensch aufhört, sich nur an seinen Sehnsüchten und Wünschen in der Außenwelt zu orientieren. »Gott, mein Gott – dich suche ich. Nach dir dürstet meine Seele«, heißt es in einem Psalm – er beschreibt wunderbar die Suche des Menschen nach seinem Lebensfunken.

Im Gebet kann der Mensch darum bitten, dass er dieses Lebensziel in sich findet und erkennt – und dass er nicht nur auf der Achterbahn des Lebens herumgeschleudert wird. Im Gebet wird er sich die vielen Irrwege und Schleichpfade anschauen, die ihn immer wieder vom Ziel abbringen – und er kann Gott darum bitten, ihm zu helfen, dass er auf die verkehrten Wege nicht mehr hereinfällt. Es ist eine Bitte um Erkenntnis im Gebet.

Der Mensch und sein Kaktus

Vor einigen Wochen besuchte ich einen intelligenten, jungen Mann in seinem Büro: ein nüchternes, kahles Zimmer – eben sehr cool. Den größten Raum nahmen der Computer und der Fernseher ein. Auf dem Fensterbrett entdeckte ich einen Kaktus. »Gott sei Dank«, dachte ich mir, »wenigstens noch ein lebendes Wesen in diesem Zimmer.« Als ich den jungen Mann darauf ansprach, schmunzelte er und sagte: »Das ist mein Versuchskaktus. Ich habe ihn jetzt eineinhalb Jahre lang nicht mehr gegossen und möchte sehen, wie lange er das noch aushält.«

Diese Aussage bestürzte mich. Solche Verhaltensweisen findet man leider bei vielen Menschen, auch wenn sie ihnen selbst nicht bewusst sind. Sie pflegen ihre Kakteen, Pflanzen, Katzen und Hunde, aber mit sich selbst und mit anderen Menschen gehen sie um wie der junge Mann mit dem Kaktus. Ein

Kaktus mag es eineinhalb Jahre aushalten, nicht gegossen zu werden – vielleicht fühlt sich diese ehemalige Wüstenpflanze dabei sogar noch wohl. Aber ein Mensch, der zum Versuchskaninchen gemacht und isoliert wird, hält es ohne Schaden nicht länger als ein paar Tage aus.

Es ist schlimm genug, wenn so etwas aus Unachtsamkeit geschieht. Zur Katastrophe wird es, wenn ein Mensch bewusst so handelt. Wie dürr und leblos, wie vernachlässigt und misshandelt muss sich ein Mensch fühlen, der einen anderen zum Spielball seiner Gefühllosigkeit macht! Und hinter dem scheinbaren Interesse, »wie lange er es noch aushält«, steht wohl eher der verzweifelte Schrei, dass sich da jemand um den Kaktus-Menschen selbst kümmern sollte.

Ich war erschrocken angesichts dieser Situation und wollte helfen. Behutsam fragte ich und hörte zu, doch all meine Worte und mein Bemühen prallten ab.

Der Kaktus, der aus Berechnung eineinhalb Jahre lang nicht gegossen wurde, hat mich bewegt, wirklich bestürzt aber war ich von meiner Unfähigkeit, den Menschen zu berühren. Er war in seiner Unberührbarkeit ärmer als jeder Kaktus.

Das Bild vom Mann und seinem Kaktus ist ein Symbol dafür, dass wir Menschen uns oft selbst über viele Jahre hinweg die wichtigste geistliche Nahrungsquelle vorenthalten, nämlich die Beziehung zu Gott im Gebet. Da stellt sich die Frage: Wie lange hält ein Mensch diese Beziehungslosigkeit aus? Der Mensch lässt Gott häufig wie den Kaktus auf dem Fensterbrett stehen und prüft, wie lang Gott diese Missachtung erduldet. Dabei wird das Problem auf den Kopf gestellt: Nicht für Gott ist diese Situation gefährlich, sondern für den Menschen. Er ist der Leidtragende, der Kaktus, um dessen Leben es geht. Der Mensch ist sich häufig nicht bewusst, dass er die göttliche Nahrung braucht wie der Kaktus das Wasser. Ohne Vertrauen kann kein Mensch leben – und manche glauben, sie könnten Gott bestrafen, indem sie sich von ihm abwenden. Mit diesem kindlichen Rachedenken schneiden sie ihre eigene Lebensenergie ab.

In unserem Beispiel hat der junge Mann zwar in seinem Büro eine Beziehung zu seinem Kaktus, aber sie ist pervers. In einer scheinbaren Aufmerksamkeit gegenüber dem Kaktus offenbart sich sein Sadismus: Er quält nicht nur die Pflanze, sondern auch sich selber. Solche Menschen blenden das Leben völlig aus, ohne dass ihnen klar wird, dass sie sich dabei selber zerstören. Die eigentlich gequälte Kreatur ist der Sadist selbst.

Wie man ihm helfen kann? Natürlich wäre es wunderbar, wenn so ein Mensch anfängt, einen Blumengarten anzulegen und sich einzulassen auf den Wachstumsprozess des Lebens. Aber das ist nur selten zu erwarten, weil solche Menschen innerlich kalt und unberührbar geworden sind. Deshalb ist kaum zu vermuten, dass sie sich ihrer perversen Eigenschaften bewusst werden – und etwas verändern. Oft ist dann eine schwere Krankheit oder eine Katastrophe, die hereinbricht, der einzige Weg, dass solche Menschen ihre dramatische Entwicklung bei sich wahrnehmen und zur Einsicht kommen.

Viele Menschen tragen – wenn auch abgeschwächt – eine ähnliche Geisteshaltung in sich und stellen jemanden, der ihnen nicht sympathisch ist, »ins Abseits«. Sie schneiden ihn und strafen ihn durch Nichtbeachtung. Insgeheim beobachten sie ihr »Opfer« aus den Augenwinkeln, wie lange es die Qual aushält – ein grausames Experiment. Es schadet natürlich dem Betroffenen, aber den größten Schaden nimmt der Mensch selbst, der so etwas tut.

Unser Kakteen-Feind ist berechnend, er fühlt sich allmächtig – zumindest über seinen Kaktus. Diese Grundhaltung findet sich in der Gegenwart häufig, weil die Menschen gefühllos geworden sind: bei Experimenten an Menschen und Tieren, bei Tiertransporten, beim Klonen in der Gentechnik – überall soll das Leben »verfügbar« gemacht werden.

Gebete können in diesen Fällen wie ein Lebensretter wirken. Wenn der verirrte Mensch im Gebet wieder eine Beziehung zu Gott aufnimmt und fähig wird, sich von seiner perversen Fantasie zu befreien, kehrt er zum Leben zurück.

Die »gläubigen« Terroristen

Die Frau, die mir gegenübersaß, war verzweifelt. Ihr 21-jähriger Sohn litt seit seinem schweren Motorradunfall an mehrfachen Behinderungen und war ein Dauerpflegefall geworden, den sie rund um die Uhr versorgen musste.

Dieses einschneidende Ereignis hatte das Leben der Mutter verändert. Sie haderte mit ihrem Schicksal, mit den Menschen und mit Gott. Sie hatte sich von all ihren Beziehungen zurückgezogen und wurde immer einsamer. Besonders schlimm traf sie, dass sie es in ihrer pfarrlichen Bibelrunde nicht mehr ausgehalten und sich davon verabschiedet hatte.

»Wissen Sie«, sagte sie, »diese ›guten Christen‹ sind hart und unnachsichtig geworden. Ich ging damals nicht mehr in die Kirche, konnte nicht mehr beten und war sehr verzweifelt. Diese Leute im Bibelkreis haben das nicht verstanden. Da sind mir die ›unvollkommenen‹ Menschen lieber, weil sie menschlicher sind.« Die Schilderung der Frau machte mich betroffen. Viele Menschen, die ihr Leben als Christen gestalten wollen, verhärten manchmal, weil das Gute, das sie tun, sie nicht menschlicher und mitfühlender macht, sondern hartherzig. Manchmal sind religiöse Menschen tatsächlich in der Gefahr, dass sie ihre Glaubensüberzeugungen zu Gesetzen machen, mit denen sie sich und andere knechten.

Sie tun es nicht aus bösem Willen, sondern sind davon überzeugt, dass all das, was sie als richtig erkannt haben und in ihrem Leben verwirklichen, auch für die anderen richtig sein muss. Sie machen dann den Glauben, die Liebe und die Hoffnung zu einem eisernen Gesetz, an das sich jeder zu halten hat – und übersehen dabei, dass ein Mensch aufgrund seiner eigenen Lebensgeschichte, seiner Erfahrungen oder bestimmter Ereignisse ihren Weg nicht mehr nachvollziehen kann. Religiöse Überzeugung und der Glaube werden dann zum Terror. Meist stehen Angst und Unsicherheit hinter diesen Haltungen. Glaube und Geborgenheit in Gott aber nehmen diese Furcht und machen das Herz weit – in der inneren Gewissheit, dass der Mensch auch ohne besondere Leistung in Gott geborgen ist.

Religiöse Menschen oder Gruppen geraten oft in Gefahr, dass sie ihre Glaubensgrundsätze überziehen. Sie wollen alle anderen ebenfalls zu ihrer Überzeugung bekehren – mit einem Eifer, der verwundet und verletzt. Es hat zu allen Zeiten und in allen Religionen immer wieder grausame Beispiele gegeben, wenn Fundamentalisten ihre moralischen Prinzipien anderen Menschen mit Gewalt aufzwingen wollten.

In abgeschwächter Form geschieht dieses hartherzige Missionieren sehr oft auch im Lebensalltag: Wer nicht die gleichen Grundsätze vertritt, gilt als Ungläubiger, den man aus der Gemeinschaft ausschließt oder gar bekämpft. »Willst du nicht mein Bruder sein, so schlag' ich dir den Schädel ein!«, heißt dann der Grundsatz.

Wenn scheinbar fromme Menschen als Ergebnis ihrer Gebete fundamentalistisches Verhalten »ernten«, dann ist ihr Beten zu einer erstarrten Religiosität geworden, zu äußerlichen, formalen Übungen. Solange jemand mit seiner extremen Glaubensposition, die er im Gebet erfahren hat, bei sich selbst bleibt, können alle gut damit leben. Aber er darf seine eigene religiöse Erfahrung und Praxis nicht im gleichen Maß oder mit Gewalt auf andere übertragen. Die Geschichte hat gelehrt, dass aus solchem Denken Kriege entstanden sind: zwischen Christen und Muslimen, zwischen Katholiken und Protestanten, zwischen Muslimen und Juden. Die Überschreitung der eigenen Grenzen, die Einengung der Freiheit Andersdenkender, die Anwendung von Gewalt – das sind Formen von Terror, die im religiösen Fundamentalismus wurzeln.

Beten in der Not: richtig und falsch!

»Not lehrt beten«, sagen manche. Sie haben recht – und irren sich doch. Angesichts von Unglück und Katastrophen in aller Welt liegt die Vermutung nahe, dass Beten oft aus Angst und Verzweiflung geschieht – verständlich, wenn man die Bilder des Schreckens im Fernsehen sieht.

Auch persönliche Schicksalsschläge und Krankheiten veranlassen die Menschen zum Beten – und diese Gebete dürfen nicht abgewertet werden. In der Not und bei Katastrophen stößt der Mensch an seine Grenzen. Er weiß nicht mehr ein noch aus und sucht nach Erklärungen und Rechtfertigungen. In solchen Situationen werden oft Schuldige gesucht – oder zumindest die Ursachen. Doch auch sie können ein Unglück nur erklären, aber nicht begründen.

Für die Menschen wäre es heilsamer, wenn sie erkennen könnten, dass nicht die Not sie beten lehrt, sondern die Erfahrung ihrer eigenen Grenzen. Grenzerfahrungen können vielfältige Gesichter haben: eine schwere Krankheit, ein Unglück oder der Tod eines geliebten Menschen, Trennung und Scheidung, Verzweiflung und Depression.

Am meisten berühren uns Notsituationen, wenn sie mit dem eigenen Leben oder mit dem Tod zusammenhängen.

In diesen oft sehr schmerzvollen Erfahrungen und Stunden erlebt ein Mensch seine Grenze: Ihm wird bewusst, dass er endlich und begrenzt ist, nicht allmächtig.

Die Grenze macht aber auch bewusst, dass man sie als Mensch überschreiten kann. Manche missachten jedoch ihre Grenzen, indem sie sich überheblich selbst zum Maß aller Dinge machen. Das führt nicht zum Ziel. Du kannst über Grenzen nur hinausgehen, wenn du darauf vertraust, dass dahinter ein Gott und Vater existiert, der dich, alle anderen Menschen und die gesamte Schöpfung in seinen Händen hält – ganz gleich, wie viel Unglück und Leid auch geschehen mag. Wenn dich die Not deine Grenzen erkennen lässt und dich zum Glauben führt, dass über diese Grenze hinaus dein Leben weitergeht, dann kannst du wirklich leben.

Die meisten Menschen beginnen zu beten, wenn sie in eine Krisensituation geraten sind – und sie wundern sich, wenn ihr Gebet nicht sofort erhört wird. Dahinter steckt oft die Meinung, Gott müsse auf das Flehen sofort reagieren und die schlimme Situation bereinigen. In Wahrheit behandelt dieser Betende Gott genauso, wie er mit Menschen umgeht: Er will für seine Leistung (das Gebet) umgehend eine Gegenleistung (die Linderung seiner Not).

Beten aber bedeutet, dass der Mensch seine Grenze erkennt und sich selbst hinterfragt, warum er in Not geraten ist. Im Gebet kann er seinen Lebensweg reflektieren und sich bewusst werden, was er vielleicht selbst falsch gemacht hat. Allein das Bittgebet um Beseitigung des Leids und der Not sind zu wenig, wenn nicht auch um Einsicht in die Ursachen gebetet wird und was man daraus lernen kann – auch um eine Perspektive, wie die Krise zu bewältigen ist. Deshalb ist es sinnvoller, du machst deine Lebensgeschichte zum Gebet, anstatt nur um die Schadensbeseitigung zu bitten. Wer ständig mit viel zu hoher Geschwindigkeit auf den Landstraßen unterwegs war und dann bei einem Unfall schwer verletzt wurde, kann natürlich um die Wiederherstellung seiner Gesundheit beten; – vor allem aber sollte er sich darüber klar werden, dass er sein Leben verändern muss. Im Gebet kann er sich vor Gott ehrlich, offen und schonungslos betrachten und sich seiner eigenen Grenzen bewusst werden. Vielleicht kommt er sogar zur Erkenntnis, dass ein Sinn darin lag, dass er auf diese Weise »eingebremst« wurde, weil er sonst seinen verkehrten Lebensweg mit unvermindertem Tempo fortgesetzt hätte.

Hinter der ausschließlichen Bitte im Gebet, Gott möge den Schmerz lindern, steht oft der Wunsch, dass man sich ersparen will, über die wahren Ursachen des Leides nachzudenken – und daraus eventuell Rückschlüsse für eine Umkehr im künftigen Leben zu ziehen. Das Gebet in der Not kann natürlich auch ein Flehen um Heilung sein, aber vor allem sollte es die Bitte um Einsicht ins eigene Leben sein.

Not, Krankheit und Leid sind immer auch eine Chance, seine eigene Begrenztheit zu erkennen und wieder zu Gott zu finden.

6. Bewegungen

Mit Leib und Seele tanzen

Von einem unbekannten Autor stammt die folgende wunderbare Geschichte: »Es war einmal ein Gaukler, der tanzend und springend von Ort zu Ort zog, bis er des unsteten Lebens müde war. Da gab er all seine Habe hin und trat in das Kloster zu Clairvaux ein. Aber weil er sein Leben bis dahin mit Springen, Tanzen und Radschlagen zugebracht hatte, war ihm das Leben der Mönche fremd und er wusste weder ein Gebet zu sprechen noch einen Psalter zu singen.

So ging er stumm umher und wenn er sah, wie alle anderen des Gebetes kundig schienen, aus frommen Büchern lasen und im Chor die Messe sangen, stand er beschämt dabei: Ach, er allein, er konnte nichts von alldem. ›Was tu ich hier?‹, sprach er zu sich, ›ich weiß nicht zu beten und kann mein Wort nicht machen. Ich bin hier unnütz und der Kutte nicht wert, in die man mich kleidete.‹

In seinem Gram flüchtete er eines Tages, als die Glocke zum Chorgebet rief, in eine abgelegene Kapelle. ›Wenn ich schon nicht mitbeten kann im Konvent der Mönche‹, sagte er vor sich hin, ›so will ich doch tun, was ich kann.‹

Rasch streifte er das Mönchsgewand ab und stand in seinem bunten Röckchen da, in dem er als Gaukler umhergezogen war. Und während vom hohen Chor die Psalmengesänge herüberwehten, begann er mit Leib und Seele zu tanzen, vorwärts und rückwärts, links herum und rechts herum. Mal ging er auf seinen Händen durch die Kapelle, mal überschlug er sich in der Luft und sprang die kühnsten Tänze, um Gott zu loben. Wie lange auch das Chorgebet der Mönche dauerte – er tanzte ununterbrochen, bis es ihm den Atem verschlug und die Glieder ihren Dienst versagten.

Ein anderer Mönch aber war ihm gefolgt und hatte durch ein Fenster seine Tanzsprünge mit angesehen und heimlich den Abt geholt. Am anderen Tag ließ dieser den Bruder zu sich rufen. Der Arme erschrak zutiefst und glaubte, er solle des verpassten Gebetes wegen bestraft werden. Also fiel er vor dem Abt nieder und sprach: ›Ich weiß, Herr, dass hier meines Bleibens nicht ist. So will ich aus freien Stücken ausziehen und in Geduld die Unrast der Straße wieder ertragen.‹ Doch der Abt neigte sich hinzu, küsste ihn und bat ihn, für ihn und alle Mönche bei Gott einzustehen: ›In deinem Tanze hast du Gott mit Leib und Seele geehrt. Uns aber möge er alle wohlfeilen Worte verzeihen, die über die Lippen kommen, ohne dass unser Herz sie sendet.‹«

In dieser Geschichte betet einer mit Leib und Seele. Zu allen Zeiten konnten nur Menschen mit einem weiten Herzen dies verstehen, weil Beten mit dem Leib Unruhe und Verwirrung auslöst. Wir haben verlernt zu begreifen, dass alle unsere Bewegungen, auch die des Leibes, zu einem Gebet werden, wenn sie mit Hingabe vollzogen werden. Nicht nur Worte und fromme Gedanken können ein Gebet sein – jeder Schritt, jede Bewegung, jeder Handgriff kann zum Gebet werden.

Der Ordensgründer Benedikt sagt in seiner Regel, dass alle Geräte des Klosters, alle Werkzeuge und alles, was wir tun und im täglichen Leben gebrauchen, wie heiliges Altargerät behandelt werden soll. Er meint damit, dass all unser Tun, alle Bewegungen, jede Arbeit, jede Unternehmung zu einem Gebet werden können. Sie werden es, wenn du alles wirklich mit Leib und Seele tust, wenn du voll und ganz dabei bist, wenn deine gesamte Aufmerksamkeit mit Liebe und Hingabe auf dieses Handeln gerichtet ist. So kann der liebevolle Umgang der Mutter mit ihrem Baby – das Saubermachen, das Wickeln und das Stillen – zu einem Gebet werden, ebenso wie jede Arbeit im Garten, in der Küche oder die Arbeit am Computer. Es hängt nicht von den äußeren Faktoren ab, sondern allein davon, ob du das, was du machst, mit ganzer Hingabe tust.

Morgengymnastik

Lange Jahre gab es im österreichischen Rundfunk eine sehr populäre Sendung – heute würde man sagen, es war eine Kultsendung: die Morgengymnastik mit Ilse Puck. Täglich zur gleichen Zeit tönte die freundliche, auffordernde und motivierende Stimme aus dem Radio. Es war angeblich eine der beliebtesten Sendungen in Österreich. Viele Menschen haben sie gehört – und die meisten von ihnen haben wohl auch die Übungen treu und brav mitgemacht. Sie haben sicher für ihr Leben einen erheblichen Gewinn daraus gezogen.

Es gab aber auch eine ganze Reihe von Personen, die zwar durch die freundliche Stimme von Ilse Puck aufgeweckt wurden, aber trotzdem im Bett geblieben sind. Ich kannte so einen. Er sagte zu mir: »Ich bin doch nicht blöd, dass ich am Morgen diese verrückten Verrenkungen mache. Der schönste Morgensport fur mich ist, dass ich im Bett liege und denke, die anderen sind schwachsinnig, weil sie sich so etwas am frühen Morgen schon antun.«

Ich vermute, dass es zahlreiche Menschen gegeben hat, die ähnlich gedacht haben. Vielleicht war diese Sendung auch deshalb so gefragt, weil niemand kontrollieren konnte, ob die

Sendung nur gehört worden ist oder ob die Übungen auch wirklich körperlich mitvollzogen wurden.

Wenn ich an diese Geschichte denke, kommt mir unwillkürlich auch das Beten in den Sinn. Im Fernsehen und im Radio, in diversen Zeitschriften und Büchern gibt es ständig Beiträge, Aufforderungen und Anleitungen, wie man am besten beten kann. Sie werden gesehen, gehört und gelesen – und einige Leute werden diese Vorschläge auch in die Tat umsetzen. Aber immer wieder gibt es auch Menschen, die sich köstlich darüber amüsieren, dass es irgendwelche Verrückten gibt, die sich tatsächlich an solche Anweisungen halten. Vielleicht glaubt sogar mancher, der im Bett liegt und sich über die Morgenübungen von Ilse Puck ironisch amüsiert, dass er dabei selbst in irgendeiner Form eine Übung macht, aber das hat natürlich keinen Sinn.

Genauso ist es beim Beten – du musst es selbst üben. Wenn das Gebet in deinem Leben Wirklichkeit werden soll, dann bleibt es dir nicht erspart, dass du dich bewusst in den Prozess des Betens hineinbegibst, auch wenn es dir manchmal Mühe bereitet.

Gymnastische Übungen werden dann am besten aufgenommen, wenn der Mensch ihre Wirkung verspürt – das ist beim Gebet nicht anders. Du musst es immer wieder üben. Distanziertes Zuhören und Zuschauen wird wenig Erfolg bringen – genauso wie eine Übung, die du morgens im Radio hörst, während du im Bett liegst. Wer seine Morgengymnastik macht, spürt vielleicht nicht sofort die Auswirkung, ganz sicher auch nicht am ersten Tag, in der ersten Woche oder im ersten Monat. Nur durch das beharrliche Üben entfaltet sie ihre segensreiche Wirkung.

Ähnlich ist es mit dem Gebet. Auch da ist es notwendig, immer wieder zu üben und nicht aufzugeben, selbst wenn es heute, in dieser Woche oder in diesem Monat nicht schon den

Erfolg zeigt, den du dir wünschst. Unser Körper und unsere Seele brauchen lange Zeit, um Verspannungen aufzulösen, um Verhärtungen wieder beweglich zu machen, um alte Wunden zu heilen.

Manchmal, wenn ich in die Gesichter von Menschen schaue, denen ich über das Gebet etwas erzähle, erinnere ich mich an Ilse Puck und ihre Morgenübungen. Dann frage ich mich, wie viele von denen, die diese Worte hören oder dieses Buch lesen, auch wirklich konsequent bei ihrem Übungsprogramm für das Gebet bleiben.

Beschleunigung und Entschleunigung

In einem Seminar für Manager versuchten wir einmal, das Thema Zeit, Zeit-Einsparen und die Auswirkungen einer effektiven Organisationsstruktur für das eigene Leben zu betrachten. Deshalb bat ich die Teilnehmer, mit mir eine Übung zu machen. Ich forderte sie auf, einen bestimmten Weg im normalen Tempo zu gehen und nach 15 Minuten eine Pause einzulegen. Nach dieser Pause bat ich die Teilnehmer, für diesen gleichen Weg jetzt die vierfache Zeit zu verwenden, also denselben Weg in einer Stunde zu gehen.

Die Manager sahen mich zuerst entgeistert an – und ich hatte Mühe, ihnen diesen Vorschlag schmackhaft zu machen. Aber sie ließen sich schließlich doch überzeugen und begannen mit der Übung. Der Weg wurde also zuerst gegangen in 15 Minuten. Dann folgte eine Pause, – und im Anschluss daran nahmen sich die Manager für den gleichen Weg die vierfache Zeit, also eine Stunde.

Am Ende der Übung waren alle sehr betroffen, weil sich ihre Wahrnehmung stark verändert hatte. Je mehr sie sich nämlich Zeit nahmen, desto mehr konnten sie ihre Umgebung, die Menschen, die Dinge, die Pflanzen, die Blumen – und sich selber wahrnehmen. Es wurde ihnen bewusst, dass sie den ersten Weg fast umsonst gegangen waren, weil sie sich selbst und die Dinge um sich herum nicht beachten konnten. Durch die »Entschleunigung« haben sie sich dann Zeit und Raum geschenkt. Der Weg, ihr Leben wurde intensiviert – und ihr Wohlbefinden erhöhte sich.

Ich habe oft an diese Übung gedacht, wenn ich unter Druck stand und sehr schnell einen Weg gehen oder eine Tätigkeit ausführen musste. Und ich denke auch heute daran, dass ich mehr Leben gewinne, wenn ich mich nicht in die Zwangslage bringen lasse, immer alles schnell zu tun.

Beschleunigung bringt – nicht nur mit dem Auto – für dich selber und für andere eine Gefahr fürs Leben mit sich. Die Entschleunigung gibt dir das Leben zurück. Oft ist es mühsam, einen Weg langsam und bewusst zu gehen, weil dich viele für verrückt erklären, aber die Verlangsamung nimmt dir nicht das Leben, sondern schenkt es dir.

Auch beim Beten ist Beschleunigung nicht förderlich: Je schneller dein Leben abläuft, desto mehr musst du deine Konzentration auf die beschleunigten Vorgänge um dich herum richten. An einer schnellen Maschine muss ein Arbeiter viel aufmerksamer sein als an einer langsamen. Viele Menschen sind Gefangene der Beschleunigung – das hohe Tempo in ihrem Leben erfordert immer die volle Konzentration. So bleibt kein Raum mehr für etwas anderes – weder für Gedanken noch für Gefühle. Das ist eine Gefahr, die nur durch Entschleunigung beseitigt werden kann.

Häufig verbietet sogar der Gesetzgeber, dass ein Mensch bei hohem Tempo noch etwas anderes tut – zum Beispiel im Auto zu telefonieren. Selbst bei Mönchen gibt es oft eine Tendenz zur Beschleunigung: Sie rasseln ihre Gebete hastig herunter, aber die vielen Worte machen das Gebet eher schwächer.

Menschen, die auch in ihrem Leben dauernd mit 180 Stundenkilometer unterwegs sind, haben keinen Raum mehr für andere Dinge, auch nicht für die Kommunikation mit Gott, wie sie im Gebet stattfindet. Beschleunigung ist das Gegenteil von Ruhe und Stille, die Voraussetzungen für ein Gebet sind. Die Entschleunigung öffnet dir die Türe zu anderen Menschen – und zum Gebet.

Blind malen

Eine »alte« Freundin von mir – sie ist gar nicht so alt! – geht seit einiger Zeit einen geistlichen Weg; obwohl sie es sicher nicht so nennt: Sie ist auf dem Pfad der Gottsuche – und ich darf sie dabei begleiten.

Die Frau hat immer wieder Schwierigkeiten, wenn sie zu ihren eigenen tiefsten Bildern, zu ihrer Sehnsucht, zu ihren Gefühlen vordringen möchte. Es macht ihr Mühe, einfach in sich selbst hineinzuhorchen, wahrzunehmen und auszudrücken, was in ihr ist.

Um dies zu lernen, hat sie sich entschlossen zu malen. Sie ging also mit ihrer Freundin zu einer Mallehrerin. Dabei machte sie in den ersten Stunden immer wieder entmutigende Erfahrungen: Wenn sie ihre eigenen Bilder mit denen ihrer Freundin verglich, dann hatte sie den Eindruck, als ob sie selber nichts zu Wege brächte. Ihre Farben waren matter als die der Freundin – und sie konnte einfach nicht das ausdrücken, was sie in ihrem Herzen bewegte. Bevor sie anfing zu malen, überlegte sie immer ganz genau, wie das Bild am Ende ausschauen müsste. Als sie das eines Tages ihrer Mallehrerin erzählte, schlug diese vor: »Verbinde dir die Augen.« Dann legte sie ihrer Schülerin drei Blätter auf den Tisch – und dazu eine große Schachtel mit Wachsmalkreiden. Jetzt forderte sie die Frau auf, dass sie mit verbundenen Augen »wie ein Blinder« nur nach einer Musik malen soll. Tatsächlich sah die Schülerin weder die Farben der Wachsmalkreiden noch das Papier – sie hörte nur die Musik.

Nachdem sie die Binde wieder von den Augen abgenommen hatte, war sie überrascht: Die Bilder waren sehr gelungen. Sie ergänzte nur da und dort noch ein paar Kleinigkeiten und schenkte die Bilder ihrem Mann. Zu ihrer großen Freude hängte der Mann die Werke in seinem Büro auf. Und viele Menschen, die in diesen Raum kamen, sprachen ihn auf die wunderschönen Bilder an.

Die Erfahrung, die diese Frau mit den Bildern gemacht hat, ist auch wichtig für Menschen, die meinen, dass sie nicht beten können. In solchen Situationen ist es gut, einen Lehrer zu haben, der dich auf deine »blinden Flecke« aufmerksam macht.

Beim Beten tauchen diese blinden Flecke immer dann auf, wenn du dich nicht von deinem Verstand oder deinem bewussten Sehen lösen kannst. Manchmal wird dir auf diese Weise das Gebet verleidet; oder du hast aufgehört, dein Gebetsleben in dir weiterzuentwickeln, weil du zwar auf der Stufe von Kindern stehen geblieben bist, aber nicht mehr wie ein Kind sein willst.

Die Geschichte zeigt einen sehr guten Weg.

Vielleicht musst auch du, wenn du beten willst, deine Augen schließen oder dir eine Binde anlegen – so wendest du dich bewusst nicht mehr nach außen, sondern nach innen. Du vertraust auf deine Spontaneität und darauf, dass du die richtige Farbe triffst – und dass aus dem, was du tust, etwas Gutes wird.

Ganz wesentlich für diese Erfahrung ist aber, dass du hörst. In unserer Geschichte hat die Frau gelernt, auf Musik zu hören. Sie ließ sich von der Musik berühren. Und was sie hörte, hat sie, ohne dass sie es sehen musste, auch ausgedrückt. Beglückt erzählte sie, dass sie dabei sogar Farben verwendete, die sie sonst nie nahm. Sie hatte nämlich bestimmte Lieblingsfarben – und mit anderen malte sie nie. Da sie nicht sehen konnte, welche Farbe sie in die Hand nahm, hat sie plötzlich auch Farben benützt, die ihr sonst immer fremd gewesen sind.

Beim Gebet ist es ähnlich.

Wir glauben, dass man nur auf eine ganz bestimmte Weise beten kann. Dass man gewisse Worte benützen darf – und andere nicht. Wir haben unsere Vorlieben und denken in eingefahrenen Mustern. So wie die Frau eben nur »ihre« Farben benutzte, so leben auch wir häufig mit den gleichen Denkmustern und gleichen Worten. Das aber führt zu einer Einengung.

Das Gebet braucht die innere Freiheit. Vielleicht ist es deshalb gut, manchmal die Augen zu schließen, nicht nach außen zu schauen und sich auch nicht mehr beeinflussen zu lassen von all dem, was von außen herangetragen wird, auch wenn wir meinen, es komme aus unserem Inneren. Es sind nämlich meist Dinge, die nicht von uns stammen, sondern die uns aufgeladen wurden.

Wenn wir fähig werden, hellhörig zu sein, aufmerksam zu lauschen, so wie diese Frau auf die Musik gehört hat, dann gelingt es vielleicht, dass wir angerührt werden in unserem Herzen. Aus dieser Berührung entwickelt sich die Fähigkeit, etwas zu gestalten. Dabei ist es oft gut, dass man nicht alles sieht, begreift und gleich gestalten will, sondern sich einfach dem hingibt, was man hört.

Das erste und wichtigste Gebet der Israeliten beginnt mit »Höre Israel«. Und das erste Wort der Regel des heiligen Benedikt lautet: »Höre.« Aus dem Hören entsteht eine große Fähigkeit zur Gestaltung.

Wir wissen aus den Erkenntnissen der Hörforschung: Ein Embryo nimmt im Mutterleib Töne wahr. Und wenn er die Töne des Lebens, des Wohlwollens und des Dankes hört, dann entwickelt sich sein Körper harmonisch. Wenn er Töne wahrnimmt, die ihn verletzen oder behindern, dann wird auch die Entwicklung des Embryos gestört oder behindert.

Meine »alte« Freundin erzählte mir begeistert von ihrer Erfahrung. Und sie war glücklich darüber, dass es ihr gelungen war, auf die innere Stimme und auf ihr Herz zu hören und das, was sie empfunden hat, auch umzusetzen, obwohl sie weder die Farben, noch das Papier, noch die Formen sehen konnte. Beim Malen hat sie sich auf ihre innere Stimme verlassen. Genauso kann man dieser inneren Stimme beim Gebet vertrauen. Aus dem Vertrauen heraus entwickelt sich wie von selbst die jeweilige Art und Weise eines Gebetes. Diese Überzeugung geht davon aus, dass der gütige Gott in vielen Formen zu den Menschen redet. Man muss nur aufmerksam hören und das, was man vernimmt, auch ausdrücken. Dabei kommt es weniger darauf an, ob etwas Produktives oder Schönes erzeugt wird; viel wichtiger ist es, dass man sich auf den Prozess des Hörens einlässt und das Gehörte im Leben verwirklicht.

Die langsame Reise der Seele

Ein frommer Muslim, so wird erzählt, machte mit dem Flugzeug eine Pilgerreise nach Mekka. Dort ging er jedoch nicht gleich in die Moschee zum Gebet, sondern hielt sich einige Tage im Bereich vor der Moschee auf. Freunde fragten ihn, warum er denn nicht in die Moschee hineinginge. Er antwortete ihnen: »Ich warte. Die Seele reist langsam.«

Wir sind es gewohnt, schnell unterwegs zu sein. Das Flugzeug, das Auto und die Bahn bringen unseren Körper rasch von einem Ort zum anderen. Aber die Seele braucht Zeit, um nachzukommen. Die Lebenssituation des pilgernden Muslims ist uns bekannt, obwohl wir sie selber oft nicht wahrnehmen. Denn wir sind meistens sehr zerrissene Menschen, deren Gedanken, Gefühle und Empfindungen weit weg sind vom Körper. Mit der Trennung von Leib und Seele, mit der Gespaltenheit unseres Körpers können wir aber nur schwer beten. Wenn die Seele nicht beim Leib ist, sondern woanders weilt, dann ist es schwer, dass sich die beiden finden. Wir meinen, dass wir schnell leben müssen, aber die Seele reist langsam. Das gilt auch für unseren Leib. Das Tempo, mit dem wir meist unterwegs sind, ist auch für den Körper zu schnell. Deshalb geraten wir oft in den Zustand des »Jetlags« – und können nur schwer mit Leib und Seele beten. Der heilige Benedikt, der große Lehrer des Gebetes, sagt, dass beim Gebet das Herz und der Mund im Einklang sein müssen. Wenn uns dies nicht gelingt, dann werden wir vom Gebet und von dem, was es bewirkt, kaum berührt.

Damit Leib und Seele beim Gebet im Einklang sind, ist es gut, immer wieder einen kurzen Augenblick der Stille einzulegen – nicht nur, um auf Gott zu hören, sondern damit wir uns auch selbst wahrnehmen können. Wenn Leib und Seele getrennt sind, wenn unsere Empfindungen weit weg sind von unserem Leib, dann liefern wir uns den vielen Gedanken, Worten und Bildern aus. Die Hingabe des Herzens, die wir erfahren und erahnen wollen, kann nur geschehen, wenn wir in uns selbst still werden. Die Stille hilft dazu, dass Herz und Mund, Gedanken, Leib und Seele sich auf Gott ausrichten, der uns im Gebet beschenken will.

Von Søren Kierkegaard stammen folgende Gedanken:

»Als mein Gebet immer andächtiger und innerlicher wurde, da hatte ich immer weniger und weniger zu sagen. Zuletzt wurde ich ganz still.

Ich selbst wurde, was vielleicht ein noch größerer Gegensatz zum Reden ist, zum Hörer. Lange glaubte ich, Beten sei Reden – und dann lernte ich, dass Beten nicht bloß Schweigen ist, sondern Hören. Heute weiß ich: Beten heißt nicht, sich selbst reden hören, sondern still werden und warten, bis du Gott hörst.«

Am besten hörst du, wenn Leib und Seele miteinander im Einklang sind.

Große Veränderungen beginnen ganz klein

Als junger Mönch hatte ich große Pläne. Ich wollte ein wirklich gutes geistliches Leben führen und selbst ein geistlicher Lehrer werden. Ich versuchte mit aller Kraftanstrengung, mich selbst zu bekehren und ein ganz neues Leben zu beginnen. Dabei machte ich die bittere Erfahrung, dass ich zwar viele gute Vorsätze hatte, die ich aber fast nie oder nur sehr schwer durchhalten konnte. Ich war schon fast so weit, dass ich die Versuche aufgegeben hätte, wirklich an Veränderungen in meinem Leben zu glauben. Es gelangen mir nicht einmal ganz kleine praktische Veränderungen wie z. B. mit dem Rauchen aufzuhören – ganz zu schweigen von dem Bemühen, dass es mir etwa gelungen wäre, immer an Gott zu denken oder auf ihn zu hören. Ich habe mich erfahren als einer, der in seinem Bemühen sehr schnell gescheitert ist.

In meiner Not und Verzweiflung ging ich zu meinem geistlichen Lehrer, dem ich mein Leid klagte, meine Resignation und meine Absicht, nicht mehr weiterkämpfen zu wollen. Der hörte sich mit großer Geduld meine Klage und meine Verzweiflung an. Dann stand er auf und führte mich zu einem Globus, der auf der Kommode seines Zimmers stand. Er deutete mit dem Finger auf die Stelle, wo Hamburg lag.

»Was geschieht, wenn du in Hamburg ein Schiff besteigst und geradeaus in Richtung Westen fährst?« Ich suchte auf dem Globus und antwortete ihm: »Dann werde ich wahrscheinlich nach einiger Zeit in Philadelphia oder in New York ankommen.«

»Sehr gut«, sagte er. »Wenn du deinen Kurs jetzt nur um einige Grad nach Südwesten veränderst, wo wirst du dann ankommen?« Ich suchte erneut und sagte: »Wahrscheinlich werde ich in Mittel- oder Südamerika ankommen.«

»Und was lernst du daraus für dein geistliches Leben, für dein Leben des Gebetes und für deine Gottsuche?« Ich schaute ihn verständnislos an. Was sollte ich aus diesem Bild für mein Leben lernen?

»Wenn du lange genug auf einem Weg bleibst«, erklärte er mir, »dann erreichst du das von dir gewählte Ziel. Wenn du aber in Hamburg deinen Kurs nur um einige Grad änderst, dann kommst du an einem ganz anderen Ziel an. So ist es auch mit dem geistlichen Leben, mit dem Willen nach Veränderung und mit unseren Bemühungen, ein einigermaßen ordentliches Leben zu führen. Wir müssen gar nicht die sofortige Kehrtwendung vollziehen – das schaffen wir sowieso meistens nicht, weil wir zu enthusiastisch oder zu feige sind. Und wenn wir an derselben Stelle immer wieder umkehren, dann drehen wir uns meistens nur um uns selbst. Wenn wir aber in eine bestimmte Richtung gehen und diese Richtung nur geringfügig verändern, dann kommen wir an ein ganz anderes Ziel. Das ist das Geheimnis der Umkehr.«

Ich habe lange nicht begriffen, was das bedeutet. Im Laufe der Zeit und durch viele Erfahrungen aber habe ich gespürt, dass er recht hatte.

Ich kenne viele Menschen, die große Pläne haben und sich dauernd mit guten Vorsätzen das Leben schwer machen. Sie reden von großen Veränderungen – und wollen das auch.

Doch sie wollen diese Veränderungen zu radikal erreichen, aber bei diesem Sich-dauernd-verändern-Wollen und Am-selben-Platz-Stehen kommen sie nicht weiter, sondern kreisen nur um sich selbst.

Die einen wollen das Rauchen aufgeben, die anderen schwören jeden Tag zweimal, dass sie keinen Alkohol mehr trinken werden, andere räumen alle halbe Jahre verzweifelt ihren Schreibtisch auf, der sich dann innerhalb von wenigen Tagen wieder mit dem täglichen Alltagskram füllt. Solche Veränderungen haben wenig Sinn, obwohl sie im ersten Augenblick als sinnvoll erscheinen – und vielleicht besser sind, als gar nichts zu tun. Aber sie bringen eine große Frustration mit sich, weil man feststellt, dass man immer wieder am selben Ort steht und neu anfangen muss.

Einfacher ist es, die Richtung, in die man gehen will, um wenige Grad zu verändern und dann mit Kraft weiterzugehen. Wenn du konsequent auf diesem Weg bleibst, dann verändern sich deine Ziele und dein ganzes Leben.

Auch mit dem Gebet ist es so: Große Vorsätze, etwa jeden Tag ein bestimmtes Gebetspensum zu erledigen, nützen nicht viel, weil du an dir und deinem Alltag scheitern wirst. Wichtiger sind auf dem Weg die kleinen Kurskorrekturen, die äußerlich zuerst kaum erkennbar sind. Aber sie geben deinem Weg eine andere Richtung und ein anderes Ziel.

Jemand, der bisher überhaupt nicht gebetet hat und plötzlich damit anfängt, das gesamte Stundengebet der Mönche beten zu wollen, wird es wohl nur schwer durchhalten. Sinnvoller wäre es, sich in dieser Situation nur vorzunehmen, am Morgen, am Mittag und am Abend einen guten Gedanken zu fassen oder ein kleines, kurzes Gebet zu sprechen. Und wenn du das auch nicht kannst, weil du keine Gebete kennst oder weil dir das Wort »Gott« fremd geworden ist, dann könnte der erste Schritt sein, dass du nur einen guten Gedanken ergreifst, aber diesen Gedanken konsequent und mit Überzeugung lange Zeit fortführst.

Ich habe Menschen getroffen, die selbst gar nicht wussten, dass sie ein geistliches Leben führen, weil sie sich darunter irgendetwas Besonderes vorgestellt haben. Aber sie waren Menschen, die konsequent immer wieder ihren inneren Kompass auf Gott, auf das Gute, auf das geistliche Leben ausgerichtet haben.

Gebete und geistliches Leben sind ja keine Leistung, die wir Gott darbringen, oder keine Schikane, die uns Gott auferlegt – sie sollen uns helfen, dass wir die Fülle des Lebens erfahren. Ganz sicher sind kleine Kurskorrekturen auf Gott hin sinnvoller als eine große Aktion oder ein Sack voller guter Vorsätze, mit denen oft nur der Weg zur Hölle gepflastert ist.

Wie immer wir das Ziel nennen, nach dem wir uns ausrichten – ob »Gott« oder »das Gute« oder »die Fülle des Lebens«: Auf diesem Weg werden wir Gott erfahren und das Heil finden.

Das Gebet der Banker

In einer großen Bank hatten die führenden Manager untereinander ein schlechtes Verhältnis. Sie sprachen kaum miteinander und misstrauten sich. Das wirkte sich auf das gesamte Betriebsklima und auf die Kunden so nachteilig aus, dass der Chef einschritt. Er bat mich, mit den Managern ein Seminar abzuhalten, um die Schwierigkeiten zu beheben. Wir hatten dafür drei Tage Zeit.

Schon am ersten Tag stellte sich heraus, dass die Banker miteinander tatsächlich nicht umgehen konnten. Die Wurzel dafür lag in erster Linie an jedem Einzelnen, weil die Männer mit sich selbst nicht zurechtkamen.

Am Ende des Tages sagte ich zu den Teilnehmern, dass wir mit den »klassischen« Werkzeugen – psychodynamische und gruppentherapeutische Mittel – nicht weiterkommen. Deshalb hätte ich mich entschlossen, mit ihnen Übungen zu machen, bei denen sie selbst spüren, wie sie mit sich und mit den anderen Teilnehmern besser in Beziehung treten können.

Die entscheidende Übung war eine bewusste Körperwahrnehmung: Die zerstrittenen Männer sollten sich barfuß im Kreis aufstellen und sich in dieser Haltung wahrnehmen – wie sie stehen, ob sie verspannt sind und in einen Zustand der Gelöstheit kommen können. Dann habe ich sie aufgefordert, dass sie ihre Arme, die seitlich am Körper herunterhingen, langsam in den Ellenbogen nach oben beugen und dann die geöffneten Handflächen aufeinander zuführen, bis sie aneinander liegen, damit sie die Berührung und die Wärme spüren können. Diese Übung wurde dreimal gemacht. Beim dritten Mal schrie plötzlich ein Teilnehmer: »Ich mache die Übung nicht mehr mit. Sie wollen uns hier manipulieren!«

Wir haben uns nach der Übung gesetzt, und ich bat diesen Mann, seinen Verdacht zu erläutern. Er sagte, dass ich als Priester und Mönch versuche, die Teilnehmer religiös zu beeinflussen. »Die Übung erinnert mich an die Gebete in meiner Kindheit – damit will ich nichts mehr zu tun haben«, sagte er.

Die Berührung der Hände in der Gebetshaltung, die in vielen Religionen zu finden ist, hat in diesem Mann eine Bewusstheit seiner eigenen religiösen Verletzung hervorgerufen.

Daraufhin begann in der ganzen Gruppe eine lange Diskussion über die eigenen religiösen Erfahrungen: wie man als Kind beten gelernt hatte, welche Schwierigkeiten es dabei gab. Und die meisten erklärten, dass sie inzwischen mit der Religion abgeschlossen hätten.

Die Banker hatten einen intensiven Gedankenaustausch

über ihre religiöse und spirituelle Situation – mit einer Offenheit, wie sie in dieser Gruppe nicht zu erwarten war. Die Übung hatte die Teilnehmer offensichtlich in Berührung mit sich selbst gebracht. Und indem sie sich ihre eigenen Erfahrungen mitteilten, brachten sie sich in eine Beziehung zueinander. Damit war das Eis gebrochen.

Dieses Beispiel zeigt, dass allein schon eine Körperhaltung, eine physische Bewegung zu einem Gebet werden kann. Gebete sind nicht nur Gedanken oder Worte, die gesprochen werden. Genauso wie dein Herz, deine Stimme oder deine Gedanken beten können, so kannst du auch mit deinem Leib beten. Dazu musst du nicht einmal die Hände falten. Du kannst beten im Gehen, im Stehen, im Knien, beim Sitzen oder Liegen. Die Haltung beim Gebet ist immer eine Einübung in die Beziehungsfähigkeit des Menschen zu sich selber, zu anderen und zu Gott. Bei den Kursteilnehmern war es genauso: Sie waren vorher unfähig, miteinander in Beziehung zu treten – und die Körperhaltung, die sie an frühere Gebete erinnerte, löste ihre Beziehungslosigkeit auf.

In den anschließenden Gesprächen wurde offenkundig, dass diese Männer sehr früh ihre Beziehungen zu Gott und zu den Menschen allmählich verloren hatten und einsam geworden waren. Sie alle waren jetzt fasziniert von der Erfahrung, dass allein die körperliche Gebetshaltung sie wieder beziehungsfähig gemacht hat.

Die Niederwerfungen der Muslime bei ihren täglichen Gebeten und das ständige Drehen der Gebetsmühlen der Tibeter scheinen nur äußerliche Körperübungen zu sein; in Wahrheit sind es Haltungen, die geistliche Beziehungen ermöglichen. So kann jeder, der offen ist und mit seinem Körper bewusst eine Gebetshaltung einnimmt, zum Gebet finden, auch wenn er bisher allem Religiösen fernstand.

Das Urteil beendet den Prozess

Es gibt einen Satz, der eine tiefe Lebensweisheit enthält: Das Urteil beendet den Prozess. Diese Binsenwahrheit scheint fast zu banal zu sein, als dass es sich lohnt, darüber nachzudenken.

In jedem Gerichtsverfahren beendet das Urteil den Prozess. Am Ende weiß jeder, wer der Schuldige oder Unschuldige ist. Wenn das Urteil gesprochen ist und die Berufungsverfahren abgeschlossen sind, ist der Prozess zu Ende.

Im alltäglichen Leben ist es ähnlich. Du begegnest einem Menschen, mit dem du gute oder schlechte Erfahrungen gemacht hast. Ohne dass es dir bewusst ist, bildest du dir ein Urteil: Dieser Mensch gefällt dir, jener nicht. Da steht ein schlechter Mensch, dort ein guter: Das Urteil ist gefällt. Wir glauben, dass uns Urteile weiterbringen, aber in Wahrheit behindern sie den Lebensprozess. Sie schneiden dir die Möglichkeiten des Umdenkens, der Umkehr und des Neuwerdens ab. Das einmal gefällte Urteil raubt nicht nur dem anderen die Chance zum Leben, zur Entwicklung und zur Entfaltung, sondern du gibst dir selbst keine Möglichkeit, mit ihm oder mit einer Sache weiterzukommen. Kinder, deren Entwicklung durch dauernde Verurteilungen geprägt ist, werden an Leib und Seele behindert. Und Erwachsene, denen immer wieder die gleichen Urteile und Vorurteile entgegengebracht werden, verkümmern, resignieren und verlieren den Mut.

Jeder weiß aus eigener Erfahrung, dass man im Leben immer wieder Urteile fällen muss. Aber es wird selten bedacht, dass das Urteil den Prozess beendet – den Lebensprozess, die Entwicklung, auch mögliche Veränderungen.

Deshalb ist es meist klüger, nicht zu urteilen. Das fordert von dir auch die Haltung, die dir Gott entgegenbringt: Er bricht das geknickte Rohr nicht und löscht den glimmenden Docht nicht aus.

Wir Menschen neigen dazu, Personen, ihre Handlungen und Ansichten in Schubladen abzulegen. Diese Urteile und Bewertungen brauchen wir, sonst fühlen wir uns bedroht. Erst wenn alles in der richtigen Schublade liegt, verschwindet die Angst. Jeder kennt solche Urteile und Vorurteile: »Ausländer sind gefährlich, Zuwanderer nehmen den Inländern die Arbeitsplätze weg, Beamte sind faul.« Mit Schubladen kann man sein Leben besser meistern, glauben viele, aber das Gegenteil ist der Fall: Sie sind fürs Leben hinderlich.

Natürlich ist ein Urteil, das einen Prozess beendet, etwas Legitimes. Aber wer sein eigenes Leben und die Menschen um sich herum ständig beurteilt, tötet langfristig jede Entwicklung bei sich selbst und bei anderen ab.

Beten erfordert, dass der Mensch seine Grenzen überschreitet und offen auf Gott und auf andere Menschen zugeht. Urteile verhindern diese Offenheit, weil sie keine Entwicklung, keine Veränderung mehr zulassen. Der Vorgang liegt abgeschlossen in der jeweiligen Schublade. Deshalb wird Beten zur Worthülse, wenn der Mensch nicht die Schubladen beseitigt, die ihm die Tür zu Gott versperren.

Man kann natürlich auch gegen sich selbst Urteile fällen; sie stehen einer weiteren Entwicklung ebenfalls entgegen. Wenn jemand sich entscheidet, allein zu leben, nimmt er sich jede künftige Möglichkeit, tiefe Beziehungen mit einem anderen Mann oder einer Frau einzugehen – und er erfährt weder Leid noch Freude, die aus solchen Beziehungen erwachsen können.

Viele Menschen haben sich einen Lebensplan zurechtgelegt, von dem sie keinen Millimeter abweichen. Wie schwer machen sie sich oft ihren Weg, weil sie in ihren eigenen Schubladen fast ersticken! Das Leben wird dann zum Käfig: Der Mensch geht nicht hinaus – und keiner kommt zu ihm hinein.

Um die Türen – im Leben wie im Gebet – zu öffnen, muss der Mensch aufhören, alles zu beurteilen. Natürlich haben viele Menschen Grundwerte, nach denen sie leben – und von denen sie sich nicht abbringen lassen. Das ist gut so. Trotzdem darf ein Mensch seine Maßstäbe nicht auf andere Menschen – oder gar auf Gott – übertragen und alles und jeden nur noch nach seinen eigenen Vorstellungen bewerten. Manche haben das Problem, dass sie diesen Grundsatz auf ihren Glauben beziehen und behaupten, im Besitz der Wahrheit zu sein; jedes Abweichen davon sei sündhaft. Dieses Urteil setzt Gläubige anderer Konfessionen und Religionen oft ins Unrecht.

Es gibt auch dort viele Menschen, die eine Gotteserfahrung gemacht haben. Sie muss nicht mit deiner identisch sein. Deine Erkenntnis anderen aufzuzwingen, ist ein Zeichen des Hochmuts. Die meisten Menschen, denen Gott begegnet ist, tun das Gegenteil: Statt sich mit ihrer geistlichen Erfahrung zu rühmen und die Wahrheit – in guter Absicht – anderen Menschen aufzudrängen, werden sie demütig. Sie beenden den Prozess nicht, weil sie über Andersdenkende nicht urteilen, sondern ihre eigene Gotteserfahrung mit ihnen teilen wollen.

7. Leben entfalten

Gläubige Menschen leben länger und gesünder

Es ist auffallend, dass in den Medien immer häufiger Sensationsmeldungen auftauchen wie »Religiöse Menschen leben länger«, »Beten hilft« oder »Kirchgänger sind gesünder«. Im Fernsehen wurde kürzlich das Ergebnis einer wissenschaftlichen Untersuchung vorgestellt, die beweisen konnte, dass durch Meditation Heilung erreicht wurde. In der Studie wurden drei Patientengruppen vorgestellt: Die einen bekamen nur Medikamente, die anderen wurden mit einer Bewegungstherapie behandelt und die dritte Gruppe meditierte dreimal am Tag jeweils eine halbe Stunde. Das Ergebnis bestätigte eindeutig eine auffallende Verbesserung der Krankheit durch Meditation. Es ist also wissenschaftlich bewiesen, dass es einen Zusammenhang zwischen Gesundheit des Leibes und der Seele gibt – mehr noch: dass nämlich religiöse Übungen eine spürbare Auswirkung auf den Leib haben.

Was sensible Menschen immer gewusst haben, wurde mit dieser Untersuchung wissenschaftlich bestätigt. Das Merkwürdige daran ist jedoch, dass bei den Menschen – wie so oft im Leben – das Wissen um solche Zusammenhänge nicht ausreicht, um daraus auch in der täglichen Praxis Nutzen zu ziehen. Auf ganz anderen Lebensgebieten zeigt sich das gleiche Phänomen: beim Rauchen, bei der Ernährung, beim Sport, im Stress.

Wir Menschen wissen ziemlich genau, was dem Leib und der Seele guttut oder was uns schlecht bekommt: Und trotzdem handeln wir gegen diese Erkenntnisse. Die Nachrichten, dass gläubige Menschen gesünder und länger leben, lösten keine Welle der Religiosität aus. Die Menschen beten seitdem nicht häufiger als früher, und der Rückgang der Kirchenbesucher ist ungebrochen. Zu viele Menschen werden von den religiösen Regeln und Ritualen nicht mehr angesprochen, werden oder können sie nicht nachvollziehen. Und: Das Wissen um die Zusammenhänge allein genügt offenbar nicht, sondern es muss auch der Glaube hinzukommen. Dann erst wird dieses Wissen ins Leben umgesetzt.

Dabei bleibt natürlich die Frage offen, wo und wie man überhaupt Glauben lernen kann.

Der statistische Beweis, dass sich Meditationen, Gebete und Selbstversenkungen auch auf den körperlichen Zustand oft segensreicher auswirken als herkömmliche Medikamente, ist für das naturwissenschaftliche und mechanistische Denken zunächst ein Schock. Zwischen dem religiösen und dem körperlichen Leben bestehen also enge Zusammenhänge. Die Naturwissenschaftler haben eine solche Beziehung bisher meist ausgeklammert. Ihre Anstrengungen bei der Erforschung des Lebens konzentrierten sich fast ausschließlich auf physische, chemische und biologische Vorgänge. Glaube und religiöse Praxis als Einflussfaktoren auf die Gesundheit wurden eher belächelt.

Aber mit der Renaissance von Religiosität werden auch nicht-materielle Erkenntnisse immer häufiger und bedeutender. Die Menschen spüren, dass sie mit wissenschaftlich messbaren Fakten allein ihr Leben nicht gestalten wollen. Erstaunlicherweise verwirklichen trotz dieser Sehnsucht nach Spiritualität nur wenige Menschen tatsächlich ein religiöses Leben.

Warum ist das so? Vermutlich wissen die meisten nicht, was religiöses Leben ist – und welche Freude sie daran haben könnten. Die Religion, die Kirche – das ist ihnen zu theoretisch, zu fern. Sie haben damit noch keine eigenen Erfahrungen gemacht. Laut wissenschaftlicher Studie heißt jetzt ein wirksames Medikament auch »Gebet«. Wie würde ein Mensch reagieren, wenn ihm der Arzt ein Medikament anbietet, das – bei täglicher Einnahme – sein Leben um fünf oder zehn Jahre verlängert?

Wohlgemerkt: ohne schädliche Nebenwirkungen!

Dass die meisten Menschen dennoch solche Angebote ausschlagen, hat mit innerer Trägheit, aber auch mit ihrer Lebensverneinung zu tun. Jeder trägt in sich destruktive Anlagen, die die Psychologie »Todestrieb« nennt. Aufs Gebet bezogen äußert sich dieses negative Verhalten in der Ablehnung einer Gottesbeziehung – der Mensch will kein religiöses Leben. Diese Ablehnung hat häufig gar keine logischen Gründe, sondern erwächst aus unbewussten Vorstellungen und Ängsten, die religiöses Leben gleichsetzen mit Askese, hohlen Ritualen, Schwäche, Abhängigkeit, Verzicht auf Sexualität und auf schöne, interessante Erlebnisse.

Wenn sich ein Mensch der Spiritualität zuwendet, wird er wahrscheinlich sein Leben verändern müssen, aber es ist dann nicht ärmer als vorher, sondern reicher. Natürlich fehlt ihm vieles, was ihm bisher als lebenswert suggeriert wurde: übermäßiger Konsum, großer Reichtum, die grenzenlose Spaßgesellschaft. Aus Angst, dass ihm durch regelmäßiges Beten diese Annehmlichkeiten entschwinden, verzichtet er gleich von vornherein auf ein religiöses Leben, das – jetzt nachgewiesenermaßen – länger dauert und gesünder ist.

Licht ins Dunkel

Wenn die erste Kerze am Adventskranz angezündet wird, dann ist das ein Symbol dafür, dass ein Licht in der Dunkelheit leuchtet. Wie groß diese Dunkelheit auch sein mag – jeder hat dabei seine eigenen Empfindungen.

Ich denke oft an eine Frau, die in großer Verzweiflung und Dunkelheit zu mir gekommen ist: Eine physische und psychische Krankheit hatte sie gebeugt und zermürbt. Hilfe war nach menschlichem Ermessen kaum mehr möglich.

Als sie zu mir ins Sprechzimmer kam, spürte ich förmlich die Dunkelheit ihrer Lebenssituation. Ich nahm ein Streichholz und wollte eine Kerze auf dem Tisch entzünden. Die Frau seufzte tief und sagte: »Wegen mir brauchen Sie das Licht nicht anzuzünden. Ich bin nichts wert.« – Ich ließ mich nicht beirren und zündete die Kerze trotzdem an. Es dauerte eine Weile, bis das Licht dieser kleinen Kerze durch die Dunkelheit drang. Unser Gespräch war nicht leicht. Plötzlich aber sagte die Frau: »Ich bin froh, dass Sie das Licht für mich trotzdem angezündet haben.« Und ich selber hatte das Gefühl, dass dieses Licht nicht nur ein Zeichen der Wertschätzung war, sondern ihr tatsächlich vermittelt hat: Du bist ein wertvoller Mensch.

Advent ist die Zeit der Erwartung und der Botschaft Gottes, die jedem von uns sagen will: Du bist ein geliebter und wertvoller Mensch. Um diese Botschaft begreifen zu können, brauchen wir Zeichen und Menschen, die sie uns vermitteln. Die erste Kerze am Adventskranz ist die Ankündigung der Botschaft von der Liebe Gottes. Sie entzündet überall dort ein Licht, wo die Dunkelheit undurchdringlich erscheint, wo Menschen einsam und verzweifelt sind, wo Sprachlosigkeit und Unverständnis Mauern errichtet haben. Natürlich kannst du auch für dich selbst eine solche Kerze entzünden, um die Erfahrung des Lichtes zu machen.

Eine Kerze anzuzünden und Licht ins Dunkel zu bringen – das ist bereits eine Art Gebet. In der Kirche zünden sogar »ungläubige« Menschen eine Kerze an. Offenbar berührt sie das Lichtsymbol. Lichterketten zu den verschiedensten Anlässen spiegeln ebenfalls die Kraft wider, die in diesem Zeichen steckt.

Auch im geistlichen Sinn bringt eine Kerze Licht in die Dunkelheit eines Menschen. Im Gespräch werden beim Schein einer Kerze Verzweiflung und Bedrückung eher aus der Dunkelheit herausgeführt als ohne dieses Symbol. Ein aufmerksames Gespräch wird, ohne dass man konkret betet, zum Gebet, weil dabei eine transzendente Beziehung zu Gott hergestellt wird.

Noch besser ist es natürlich, wenn du mit dem Menschen, der dir gegenübersitzt, tatsächlich gemeinsam beten kannst. Ob das ein vorformuliertes Gebet ist oder ob es aus dem Moment heraus gesprochen wird: Immer zünden die beiden Menschen ein Licht an, das die Dunkelheit, die sie umgibt, erhellt.

So verzweifelt jemand auch sein mag, das Gebet im Licht der Kerze wird ihm sein Selbstwertgefühl zurückgeben, das er vielleicht verloren hat. In der Zuwendung zu diesem Menschen überschreitest du mit ihm eine Grenze, über die er alleine nicht gehen kann. Es ist die Grenze seiner Angst, seiner Selbstzweifel, seiner Not. In seiner Dunkelheit will oder kann er die Kerze oft selber nicht sehen. Indem er das Licht wahrnimmt, überschreitet er seine Selbstbezogenheit und öffnet sich – genau wie im Gebet. Deshalb ist das Kerzensymbol ein Gebetssymbol.

Im Licht der Kerze kannst du mit dem anderen Menschen sprechen oder beten oder schweigen: Es ist immer ein Gebet.

Natürlich kannst du auch dein eigenes Leben im Lichte Gottes betrachten, obwohl du »nur« vor einer kleinen Kerze sitzt.

Schweigen und hören

Dein Leben gelingt, wenn du lernst, auf dich, auf die Menschen und auf Gott zu hören. Das ist nicht leicht. Die vielen Ereignisse um dich herum, die Belastungen und Probleme machen dir zu schaffen. Oft genug passiert es, dass du davon nichts mehr hören willst.

Wie oft plagen dich die inneren Stimmen – auch wenn du versuchst, sie zu unterdrücken. Tausend Gedanken gehen dir durch den Kopf: Werde ich das Gespräch oder die morgige Verhandlung gut führen können? Sind die anstehenden Rechnungen schon bezahlt? Wird es mit meinem Mann wieder den gleichen Streit geben wie gestern? Werde ich sie oder ihn – was du so sehr ersehnst – treffen? Außerdem müssen die vielen großen und kleinen Dinge erledigt werden: der liegen gelassene Brief, das noch nicht geführte Telefonat, das dich bedrückt ... Die inneren Stimmen und Botschaften sind ohne Zahl.

In Wahrheit verstummst du, streitest oder schreist du, auch wenn du scheinbar schweigst. Aber das ist kein echtes Schweigen. Es ist mehr inneres Grollen, ein Verstummen oder oberflächliches Abschieben des Problems.

Es wäre so gut, wenn in diesem Moment dein Herz zur Ruhe kommen könnte, wenn es wirklich Frieden hätte, wenn du dich sammeln und bei dir selbst bleiben könntest – und wenn du zu dir Vertrauen hättest. Die vielen Stimmen in dir, deine Ängste und Befürchtungen – nicht einmal die Freuden nützen dir jetzt, sondern nur Stille und Schweigen. Schweigen ist nicht »kein Lärm«, sondern das Wissen um den inneren Frieden, um deine Geborgenheit in Gott – so sagen gläubige

Menschen. Schweigen kann ein Mensch dann, wenn er hört, vor allem auf die Stille.

»Stille sagt mir nichts«, behaupten die Ruhelosen. Aber in der Stille vernimmst du mehr als viele Worte – über dich selber, über dein Leben, über die Menschen und über Gott. Diese Stille ist kein Verstummen in Bitterkeit, sondern ein aufmerksames Lauschen auf die Gnade und das Geschenk des Lebens, das hinter allem Lärm liegt.

Schweigen bedeutet in diesem Fall ein sehr aktives Zuhören. Viele Menschen vergessen, dass es ohne Schweigen keine Kommunikation gibt. Wenn ein Mensch dem anderen nicht zuhört, kommt kein wirkliches Gespräch zustande. Andererseits wird Schweigen häufig mit der absoluten Stille verwechselt, die in einem Meditationsraum oder im Kloster herrscht. Natürlich gibt es auch diese besondere Form der Stille, aber Schweigen ist zugleich eine Haltung, die dich durch den ganzen Tag begleitet. In allen Gesprächen hast du Phasen des Schweigens und des Zuhörens, sonst kann keine Kommunikation entstehen.

Deshalb steckt in jeder Form von Kommunikation, mag sie auch noch so alltäglich erscheinen, bereits ein Hauch von Gebet – du redest, hörst zu und überschreitest die Grenze vom Ich zum Du. Dass ein echtes Gespräch bereits ein Gebet ist, können sich viele nur schwer vorstellen, weil sie unter Gebet etwas anderes verstehen: Selbstversenkung, stille Abgeschiedenheit, Askese, Gottesnähe. Aber ein Gebet beginnt, wenn ein Mensch seine eigenen Grenzen überschreitet. In der höchsten Stufe, in der Vollendung, bedeutet es die Grenzüberschreitung hin zu Gott, wenn der Betende mit ihm eins wird. Aber diese innere Berührung, die Verschmelzung mit dem Göttlichen kann auch geschehen, wenn jemand in eine Beziehung zu einem anderen Menschen – oder zur Schöpfung – tritt.

Leben entwickelt sich, wenn die Menschen zueinander Beziehung aufnehmen, indem sie abwechselnd sprechen oder schweigend zuhören. Dieser Rhythmus von Sprechen und Zuhören gilt natürlich auch, wenn du in eine Beziehung zu Gott treten willst. Im Gebet stellt der Mensch eine Verbindung mit einer transzendenten Wirklichkeit her: Er kommuniziert mit Gott. Wenn du dich hinsetzt, schweigst und hörst, dann ist das ein Gebet. Viele Menschen haben in dieser religiösen Wechselbeziehung noch keine oder zu wenig Erfahrungen, aber sie sollen sich nicht entmutigen lassen: Spirituelle Beziehungen wachsen oft langsam, aber irgendwann stößt jeder zu den wesentlichen Erfahrungen vor.

Ein Gebet stärkt gleichermaßen unser körperliches und seelisch-geistiges Wohlbefinden. Es bringt den Menschen mit sich selber, mit der Schöpfung und mit Gott in einen inneren Einklang. So werden auch im Alltag ein paar Minuten des Schweigens und der Stille, in denen du das wirkliche Leben hören kannst, zum Gebet.

Der Stein in der Hand

In einem Gottesdienst mit Kindern ging es um das Thema »Steine«: um Steine, die dir oder einem anderen Menschen im Weg liegen, mit denen man aber auch etwas bauen kann. Die Kinder saßen und standen um den Altar, mit den Steinen in der Hand, und überlegten, was sie damit Sinnvolles machen könnten. Es kamen viele Ideen: ein Haus zu bauen, eine Steinmauer als Gartenzaun zu gestalten oder die Steine einfach in einem Garten anzulegen.

Plötzlich fragte ein kleines Mädchen: »Und was ist, wenn ich den Stein jemandem an den Kopf werfe?«

»Dann wird es ihm wehtun«, erwiderte ein kleiner Bub.

Allen war klar, was ein Stein alles bedeuten kann: ein wichtiger Baustein zu sein, aber auch Stein des Anstoßes oder ein Stein, über den du stolpern kannst. Der Stein kann die Kraft symbolisieren, die in dir liegt, aber auch die Verhärtung, wenn dein Herz »versteinert« ist. Er ist vielleicht ein festes Fundament oder wird zum Zeichen der Ablehnung und Kälte – ein Mensch trägt all diese Empfindungen und Fähigkeiten in sich.

Was mache ich selbst mit dem Stein in meiner Hand? Und wie oft komme ich in die Situation, dass ich einen Stein in der Hand herumtrage – einen Stein der eigenen Verhärtung, der Aggression.

Es ist gut, dich jeden Morgen zu fragen, ob du dich mit der Kraft, die in dir steckt, aufbaust oder zerstörst. In dir selber liegen alle Fähigkeiten – zur Verhärtung wie zur konstruktiven Hilfe. Manchmal ist es leichter, einen Stein auf andere zu werfen, als mit dem Stein ein Haus zu bauen.

Auf die Frage »Was kann ich denn mit einem Stein nicht machen?«, antwortete ein kleines Mädchen: »Mit einem Stein in der Hand kann ich niemanden lieb haben. Ich muss erst den Stein wegwerfen, dann kann ich ihm die Hand geben, um ihn zu streicheln.« Welche Weisheit aus dem Kindermund!

Was bedeutet das Symbol des Steins für ein Gebet? Viele Menschen tragen in sich die Sehnsucht nach dem Gebet. Aber sie können ihre Hände nicht falten, solange sie Steine umklammern.

Wenn der Stein im Leben nicht zum Aufbau verwendet wird, bringt er dem Menschen Verhärtungen – ähnlich wie bei kristallisierten Gallensteinen: Der Mensch schleppt sie unbemerkt mit sich herum, aber irgendwann beginnen die Schmerzen.

Eine Verhärtung im Leben muss erst einmal wahrgenommen werden, dann kannst du sie bewusst betrachten, vielleicht sogar auflösen. Es ist aber auch denkbar, dass du deine Verhärtung jetzt noch nicht beseitigen kannst, dann musst du sie für dein Leben annehmen – und aus diesen Erfahrungen lernen, selbst wenn sie negativ sind. Wenn sich ein Kind an der heißen Herdplatte die Finger verbrennt, soll es ja nicht fortan den Ofen oder das Feuer verteufeln, sondern sinnvoll nutzen lernen. Solange ein Mensch innerlich verhärtet ist, kann er nicht beten. Die Verhärtung versperrt ihm den freien Zugang zu Gott. Wer den Stein in der Hand oder im Herzen behält, kann ihn nicht einbauen in das Mosaik seines Lebens. Erst wenn der Mensch seine symbolische Versteinerung erkennt und akzeptiert oder auflöst, wird seine Beziehung zu Gott geöffnet: Jetzt erreicht er ihn im Gebet.

Wo Himmel und Erde sich berühren

Manchmal möchten wir den Ort finden, wo Himmel und Erde sich berühren. Es ist der Ort, an dem wir mit Leib und Seele ganz gegenwärtig sein können: der Ort unserer Sehnsucht, an dem wir hoffen, eine Gotteserfahrung zu machen, auch wenn wir nicht genau wissen, was eine Gotteserfahrung ist. Jeder Mensch ist immer wieder auf der Suche nach diesem Ort, um Geborgenheit und Beziehung zu Gott zu erfahren.

Meistens erscheinen uns das eigene Leben und die Orte, an denen wir sind, als nicht sehr attraktiv. Wir meinen, zum Meditieren oder zum Gebet in eine Kirche oder ein Kloster gehen zu müssen, weil vielleicht dort die Atmosphäre besser ist. Wir suchen uns oft außerhalb unseres Zuhauses einen Platz, der uns geeigneter erscheint als der Ort, wo wir unsere schwierigen und aufreibenden Alltagsgeschäfte erledigen. Ein Mensch hat immer die Sehnsucht nach dem idealen Ort, der frei ist von den Störungen, die von außen und innen kommen.

Vielleicht hoffen wir auch, dass dies der Ort ist, an dem die normalen Störungen unserer Gedanken und Gefühle nicht ganz so heftig sind wie im Alltag.

Jedem suchenden Menschen geht es so. Jugendliche, die in der Disco abtanzen wollen, sind genauso auf der Suche nach diesem idealen Ort wie Menschen, die sich in ein Fußballstadion flüchten, um ein großes Gemeinschaftsgefühl zu erleben. Die meisten Menschen sind als Suchende unterwegs; sie hoffen und vertrauen darauf, dass sie ihren Idealort finden können.

In der Tradition der Mönche wird erzählt, dass es einmal zwei Mönche gab, echte Gottsucher, die miteinander in einem alten Buch gelesen haben, dass sich irgendwo am Ende der Welt ein Ort befinde, an dem Himmel und Erde sich berühren. Weil sie fest daran glaubten, dass dies der Ort ihrer Sehnsucht und Erfüllung sei, beschlossen sie, ihn zu suchen – und nicht eher umzukehren, bis sie ihn gefunden hatten.

Sie durchwanderten die ganze Welt und bestanden dabei unzählige Gefahren. Auf ihrem Weg erlitten sie alle Notlagen und Entbehrungen, die eine Wanderung durch die Welt abfordert. Und sie waren allen Versuchungen ausgesetzt, die jeden Menschen von seinem Ziel und von seiner Suche abbringen können.

In ihrem Buch hatten sie auch gelesen, dass dort eine Türe sei, an der man nur anzuklopfen brauche, dann öffne sich die Tür und man befinde sich bei Gott.

Nach vielen Mühen und Entbehrungen fanden sie endlich, was sie gesucht hatten. Sie klopften mit bebendem Herzen an die Tür und sahen, wie sie sich öffnete. Als sie eintraten, standen sie – zu Hause in ihrer eigenen Klosterzelle.

Da begriffen sie, dass der Ort, an dem Himmel und Erde sich berühren, sich stets an der Stelle befindet, an der man gerade ist – denn diesen Ort hat Gott dir zugewiesen.

Wenn jemand beten oder Gott erfahren will, ist er häufig in der Gefahr, mit sich selbst, mit dem Ort und mit seinem Leben nicht mehr zufrieden zu sein. Er macht sich auf die Suche nach einem anderen, einem besseren Ort.

Manche Menschen meinen, sie bräuchten eine Kirche oder ein Kloster oder mindestens ein heiliges Zeichen, damit sie besser beten könnten, um Gott zu erfahren. Daran ist vieles richtig. Äußere Zeichen und Umstände können helfen, mehr zu sich selber und auch zu Gott zu finden.

Aber auf ihrer Suche kommen die beiden Mönche nicht irgendwo hin, nicht in irgendeine Kirche oder auf einen heiligen Berg – sie finden sich geradewegs in ihrer eigenen Klosterzelle wieder, in ihrem Zuhause, von wo aus sie sich innerlich auf die Suche gemacht hatten.

Du kannst überall suchen und an allen Orten beten. Wahrscheinlich ist der beste Ort für ein spirituelles Leben und für eine Gotteserfahrung der Ort, an dem du gerade bist. Wenn du begreifst, dass der Platz, auf dem du gerade stehst, der richtige ist und dass die Aufgabe, die du jetzt zu erfüllen hast, ebenfalls die richtige ist – dann wirst du an diesem Ort Gott begegnen.

Man könnte nun vermuten, dass die lange und aufreibende Suche der beiden Mönche sinnlos war, sie hätten ja auch zu Hause bleiben können. Aber das ist nicht so: Unsere Suche, unsere Sehnsucht – manchmal auch unsere Sucht – brauchen Raum und Zeit. Es ist gut, wenn wir dieser Sehnsucht folgen, auch wenn sie uns oft in Irrwege, in Schwierigkeiten und Verzweiflungen führt. Auch diese Erfahrungen sind wichtig im Leben.

Auf ihrem Weg waren die zwei Mönche vielen Schwierigkeiten ausgesetzt und manche hätten sie fast von ihrem Ziel abgebracht. Aber sie ließen sich nicht beirren, treu gingen sie ihren Weg weiter. Diese innere Treue auf dem Weg ist ein großes Geschenk, eine Gnade. Jeder kann diesen inneren Ort finden, wenn er seine jeweilige Lebenssituation als einen Ort der Gotteserfahrung und der Gnade begreift.

Unser Ziel ist, an allen Orten beten zu können – und nicht mehr das Besondere zu suchen. Wenn du dein Herz Gott zuwendest, bist du auf dem richtigen Weg.

Gott ist überall gegenwärtig, wenn du dein Herz für ihn öffnest. In diesem Augenblick berühren sich Himmel und Erde – und du wirst von Gott berührt.

8. Orte der Kraft

Eine uralte Wallfahrt

Die drei jungen Männer, die an der Klosterpforte läuteten, machten nicht den Eindruck von Frömmlern. Sie wollten eine Wallfahrt machen und hatten gehört, dass der Falkenstein (zwischen St. Gilgen und dem Wolfgangsee) ein Kraftort sei. Dorthin wollten sie gehen. Aber sie wussten nicht, wo der Weg verläuft und was sie bei der Wallfahrt tun müssten, um eine Erfahrung zu machen.

Ich habe den Männern, wie vorher schon vielen anderen Suchenden, den Weg gezeigt und das alte, fast schon vergessene Wallfahrtsritual erklärt: den »Sündenstein« am See suchen, ihn meditierend oder betend in der Hand bis zur Schächerkapelle tragen und dort auf die uralten Steinpyramiden werfen, dann durch den »Schlüpfstein« in der Falkenstein-Kapelle schlüpfen und an der Wunschglocke läuten, auf dem »Schlafstein« ausruhen und von der Heilquelle trinken, sich anschließend an den »Kopfstein« legen und die Kräfte des Felsens wirken lassen – und bei der Hacklwurf-Kapelle einen Anlauf für den neuen Weg nach St. Wolfgang am See machen. Den Weg, sagte ich ihnen, sollten sie schweigend gehen.

Die Männer haben es getan und sind beeindruckt zurückgekommen, um sich zu bedanken.

Die Orte der Kraft boomen. Ob es sich um die kleinen Marienwallfahrtsorte handelt wie Altötting (Bayern) oder Maria Stein

(Tirol) oder um die berühmten Stätten wie Lourdes, Fatima und Medjugorje, ob es um die uralten Stein-Heiligtümer in Stonehenge (England) geht oder um den genannten Falkenstein im Salzkammergut: Die Menschen suchen diese Orte auf, um etwas zu finden, was rational nur schwer begreifbar ist, weil es sich dem aufgeklärten Verstand widersetzt und von vielen als Magie oder Aberglaube abgetan wird.

Tatsache aber ist, dass Menschen an bestimmten Orten innere und äußere Kraft schöpfen, von diesen Erfahrungen berichten und in zunehmendem Maß auch andere, oft nicht religiöse Menschen davon begeistern. Natürlich fragt man sich, ob der Ort, die Steine, das Wasser, der Baum oder die Kirche solche Quellen der Kraft sind, ob es sich um geomantische Schnittpunkte von Kraftlinien handelt, die sich unseren wissenschaftlichen Messverfahren entziehen – oder ob dies alles nur Einbildungen und magische Ersatzhandlungen für echten Glauben und fehlendes Vertrauen sind.

Aber können sich so viele Menschen über Jahrhunderte und Jahrtausende in ihrer Wahrnehmung täuschen? Nicht dem aufmerksam distanzierten Beobachter wird sich das Geheimnis dieser Orte der Kraft offenbaren, sondern jenem, der sich »aufmacht« zu so einem Ort, um dort eine Erfahrung zu machen.

An einem heiligen Ort – genauso wie in einem Menschen – kann sich die Kraft des Gebetes, des Glaubens sammeln. Und sie kann dort gespeichert, bewahrt und weitergegeben werden. Aus jahrtausendalten Erfahrungen weiß man, dass sich bestimmte Orte als »Sammelpunkte der Gnade« besonders eignen. An diesen Orten manifestiert sich die Möglichkeit, eine Erfahrung zu machen, die über unser verkopftes Denken hinausgeht. Dort ist es möglich, berührt zu werden und sich berühren zu lassen von einer transzendenten Wirklichkeit, die dem aufgeklärten Wissen verdächtig und undurchsichtig erscheint. Die Berührung, die der Mensch erfährt, kann vielfältig sein. Meist geschieht sie durch die Urelemente Wasser, Feuer, Erde, Luft. Durch die Berührung hat der Mensch die Möglichkeit, sich selbst zu erfahren.

Der Hund braucht eine Hundehütte – und der Mensch braucht eine Kirche

Bruder Gernot betreut in einem unserer Benediktinerklöster als Sakristan die wunderschöne alte Stiftskirche. Er pflegt sie wie seinen Augapfel. Es ist ihm ein Anliegen, dass die Kirche ein würdiger Raum des Gottesdienstes und für das Gebet ist.

Am meisten kämpft er im Sommer mit den Touristen, die wegen der Kunstschätze das Kloster und die Kirche besuchen. Die meisten kommen nicht zum Gebet, aber viele sind davon berührt, wie gut es den Baumeistern der Kirche gelungen ist, einen heiligen Raum zu schaffen. Gerne möchte er den Besuchern die Heiligkeit des Ortes nahe bringen und stößt dabei manchmal auf großes Unverständnis.

Eines Tages, als er wieder einmal die Kirche betrat, sah er zu seiner Verwunderung und mit Entsetzen, dass sich eine Dame mit ihrem Pudel mitten im Altarraum befand und dass der Pudel sich gerade daran machte, auf den Altar zu springen. Schnell war er bei der Dame, um sie darauf aufmerksam zu machen, dass das so nicht ginge.

»Gnädige Frau«, sagte er, »das ist eine Kirche und kein Hundeabrichtplatz. Würden Sie bitte möglichst schnell ihren Hund an die Leine nehmen und mit ihm die Kirche verlassen. Er hat nichts in dieser Kirche zu suchen.«

Verärgert und aggressiv antwortete die Hundebesitzerin: »Junger Mann, Sie haben wohl kein Gefühl und kein Herz für

Tiere. Auch ein Hund hat eine Seele – und vielleicht will er die Nähe Gottes in dieser Kirche erfahren.«

Bruder Gernot antwortete schlagfertig: »Ich weiß sehr gut, dass ein Hund eine Seele hat, aber deswegen muss er nicht auf dem Altar herumspringen. Ein Hund gehört in die Hundehütte.«

Die Dame wollte sich noch nicht geschlagen geben und meinte: »Wenn Menschen in einer Kirche Gott erfahren können, dann muss auch für einen Hund Platz sein, damit er dort Gott erfahren kann.«

Jetzt reichte es dem guten Gernot. »Ob ein Hund in einer Kirche eine Gotteserfahrung machen kann, das weiß ich nicht. Ich glaube, er gehört in die Hundehütte. Sie gehen ja auch nicht in eine Hundehütte, um zu beten.«

Ich glaube, dass jeder einen Platz hat, an dem er sich wohlfühlt. Das gilt für Menschen und für Hunde. An manchen Plätzen fühlen sich beide wohl. Aber es gibt sicher auch unterschiedliche Erfahrungen und Empfindungen. Manche Menschen gehen zum Beten in den Wald, anderen gelingt es, während einer Autofahrt zu beten, wieder andere brauchen den heiligen Raum einer Kirche oder einer Kapelle. Ich glaube, dass es sich nicht allgemeingültig festlegen lässt, wo der geeignetste Platz für ein Gebet ist. Aber ich denke, dass es gut ist, wenn wir solche Orte kennen und sie auch pflegen. Es gibt heilige Orte und heilige Zeiten, die uns helfen, in Beziehung zu unserem Inneren und zu Gott zu kommen – wir sollten sie achten. Es ist auch gut, wenn wir die heiligen Orte und Zeiten anderer Menschen beachten, auch wenn sie für uns selber nicht geeignet sind. Den einen gefällt eine barocke Kirche besser als die nüchterne Einfachheit einer romanischen Kirche. Ein Wegkreuz, ein Bildstock oder nur ein stiller, abgelegener Platz im Wald können für manche

Menschen genauso geeignet sein, wie sie für andere nicht geeignet sind.

Die Erfahrung aber hat mir gezeigt, dass es Orte gibt, die wirklich durchbetet sind. Dort scheint es so zu sein, dass vom Gebet, vom guten Denken, von der Beziehungssuche der Menschen nach Gott etwas an diesen heiligen Orten hängen bleibt. Davon profitieren dann andere, die nachkommen. Wallfahrtswege und Wallfahrtsorte sind solche heiligen Bereiche. Wer sie bewusst geht, spürt die positive Kraft, die durch andere Menschen und durch die Gnade Gottes dort entstanden ist. Die Möglichkeit, das eigene Leben mit all seinen Sorgen und Nöten vor Gott hinzutragen, heiligt einen Ort und eine Zeit. Auch diejenigen, die nichts davon wissen, werden angerührt.

Nur wer sich mit großer Offenheit und Sensibilität einem solchen Ort nähert, nicht aus Neugierde, sondern mit dem Wunsch, sich berühren zu lassen, wird die Heiligkeit des Ortes erahnen. Deshalb ist es gut, diese heiligen Orte nicht durch Lärm, durch Geschrei, durch Sensationslüsternheit und durch unpassende Geschäftigkeit zu entweihen. Es ist eine Form des Respekts, wenn man diese heiligen Orte und Zeiten beachtet.

Ich meine auch, dass Dinge, Wesen und Menschen einen Platz brauchen, der ihnen entspricht. Ein Hund gehört eben in die Hundehütte – und nicht in die Kirche, auch wenn er eine Seele hat. Ich glaube, es ist für einen Hund angenehmer, in einer Hundehütte zu sein als in einer Kirche.

Das Gleiche gilt für die Menschen. Es ist gut, wenn wir uns an heiligen Orten so verhalten, dass wir selbst und auch andere inneren Frieden und Hoffnung finden können. Dann ist auch dort ein Gebet möglich.

Ungewöhnliche Wallfahrt: zweimal Gassi gehen mit dem Hund

Wir haben einen Klosterhund, der »Jolly« heißt. Er ist ein Findelkind und uns einfach zugelaufen. Aber er fühlt sich wohl an unserer Pforte und begrüßt alle Menschen mit großer Freundlichkeit, am liebsten natürlich diejenigen, die ihm etwas zu fressen mitbringen. Er ist also ein ganz normaler Hund.

Jeden Tag gehe ich zweimal mit »Jolly« eine Runde spazieren, damit er sein Geschäft verrichten kann. Er braucht diesen regelmäßigen Auslauf. Dadurch bekommt er Sicherheit – und er freut sich darauf. Unser Weg führt vom Kloster weg auf einer kleinen Straße bis zu einer Wiese, wo ein Marterl mit einer Madonna und den Bildern der Schwestern von Au am Inn steht, die früher in unserem Kloster gelebt und gearbeitet haben.

Diesen Weg gehe ich also mit unserem Hund täglich zweimal und komme zweimal an dem Marterl vorbei. Ich habe mir angewöhnt, bei diesem Marterl stehen zu bleiben und dort zu beten: für meine Mitbrüder, für meine Arbeit, für die Menschen, die zu uns kommen, für unsere Mitarbeiterinnen und Mitarbeiter. Jeden Morgen und jeden Abend lege ich mein Leben, unser Kloster und die Menschen, die mir begegnen, in die Hände Gottes.

Dieser zweimalige Weg jeden Tag, immer zur gleichen Zeit, ist für mich zu einer Wallfahrt geworden. Ich mache mich auf den Weg, verlasse das Kloster und pilgere zu diesem Bildstock – und der Hund mit mir. Er verrichtet dort sein – lebenswichtiges – Geschäft, und ich verrichte meine – lebenswichtigen – Gebete.

Natürlich schießen mir auf diesem Weg oft Gedanken durch den Kopf: am Morgen die Sorge, was der kommende Tag bringen wird oder die Freude auf einen Besuch, und am Abend läuft noch einmal der gesamte Tag an mir vorüber.

Wichtig und erleichternd für mich ist aber dabei, dass ich diesen Tag vom Anfang bis zum Ende in die Hände Gottes lege. Manchmal habe ich dabei nicht nur fromme Gedanken, sondern es beschäftigt mich ein Ereignis, das mich ärgert, in Sorge versetzt oder erfreut. Aber der regelmäßige Gang, dieser Weg, das Gebet – sie sind für mich zu einer Quelle der Kraft geworden.

9. Gotteserfahrungen

Schmusen mit Gott

Ein Student sagte mir einmal: »Beten, das ist Schmusen mit Gott.« Vielleicht klingt das für manche absurd und provokativ. Aber ich bin davon überzeugt, dass es Parallelen gibt zwischen der Erfahrung von Erotik und Sexualität einerseits und dem Gebet andererseits. Die großen Männer und Frauen der christlichen Mystik haben das hingebungsvolle Gebet immer mit den gleichen Worten beschrieben, wie Menschen das Erlebnis der vollen Hingabe in der sexuellen Begegnung beschrieben haben. Die »mystische Hochzeit«, die Gertrud von Helfta, Mechthild von Magdeburg oder die große heilige Teresa von Ávila in Worte gefasst haben, ist dafür ein Beispiel.

Die Empfindungen beim Gebet und bei der Sexualität sind nahezu identisch. Es scheint sogar so zu sein, dass ein Mensch, der seine Sexualität – wie immer er sie auch lebt – nicht in sein Leben integriert hat, nicht beten kann. Der Mensch braucht beides.

Das Gebet in seinen vielfältigen Formen, vor allem mit Leib und Seele, ist ein Ausdruck der vollkommenen Hingabe an Gott. Die Verachtung des Leibes bringt dem Menschen Schaden für seine Seele – und umgekehrt. Wenn Leib und Seele gemeinsam beten, dann zeigt sich diese Wechselbeziehung noch deutlicher. Das Gebet hat die Qualität der Erotik: Es ist wirklich ein Schmusen mit Gott. Wenn du einen Menschen mit ganzem Herzen liebst und dich von ihm angenommen fühlst, angenommen mit deinem Leib und mit deiner Seele, wenn du ihm all deine Liebe zeigst und mit ihm schmust, dann geschieht etwas sehr Merkwürdiges: Die Zeit verfliegt, Stunden erscheinen dir wie Augenblicke, Raum und Zeit verlieren ihre Bedeutung. Du bist völlig hingegeben an den anderen, dein Herz und dein Leib sind ganz »da«.

Ein wahrhaftiges Gebet mit Leib und Seele lässt ebenfalls die Bedeutung von Raum und Zeit verlieren: Sie verschmelzen miteinander. Dann empfindest du die Stunden, die du im Gebet verbringst, wie einen kurzen Augenblick des Glücks – ähnlich dem Gefühl, das in dir ist, wenn du voller Hingabe mit einem Menschen schmust, den du liebst.

Der heilige Benedikt sagt, dass ein Gebet kurz und lauter sein muss. Deshalb sollten wir mit unserem Beten behutsam und vorsichtig sein. Im Umgang mit Gott wie mit den Menschen gibt es viel überflüssiges Geschwätz, viel belangloses Gerede. Wir verstoßen dabei zuweilen auch gegen Anstand und Höflichkeit, nicht nur den Menschen, sondern auch Gott gegenüber. Benedikt weiß, dass man beim vielen Reden der Sünde nicht entgeht – das gilt sicherlich auch für frommes Gerede. Das Gebet selber braucht Lauterkeit und Reinheit, die ein Geschenk Gottes sind, der dir das Herz, die Augen und das Ohr öffnet, sodass du ihn mit all seiner Gnade und Liebe wahrnehmen kannst. Wenn du rein und lauter betest, dann werden auch deine Gesten, deine Zeichen und deine Worte rein und lauter sein. So wirst du dir deiner Hintergedanken bewusst und erkennst deine Absichten, die du manchmal mit dem Gebet schnell erreichen willst – und musst sie vielleicht aufgeben. Jesus sagte in der Bergpredigt: »Selig, die ein reines Herz haben, denn sie werden Gott schauen.«

Dieses reine und lautere Herz ist mehr als nur ein sauberes Herz, das »super-weiß« gebleicht und weich gespült ist, auch mehr als ein Herz, das keine Schuld hat.

Das »reine« Herz des Menschen, der mit Leib und Seele betet, ist ein Herz, das leer geworden ist. Doch diese Leere ist keine Trostlosigkeit, sondern ein Raum der Hoffnung, der von Gott selbst erfüllt wird.

Wenn du also beten möchtest, dann ist es gut, das Herz frei zu machen vom Gerümpel des Alltags, mit dem es täglich angefüllt wird. Das Gebet und das Gespräch mit Gott sind immer unkompliziert – wie eine selbstverständliche Zwiesprache. Eine lange Liste von Gebetswünschen, der alltägliche Schrott und Schutt von vielen Begehrlichkeiten, die erfüllt werden sollen, machen Gott zu einem Weihnachtsmann, den du mit deinem Wunschzettel bedrängst. Die ständig neuen Wünsche und Bitten machen dein Herz nicht mehr leer. Aber gerade die Leere ist ein Geschenk, genauso wie die Fülle. Wer mit reinem Herzen betet, achtet nicht mehr so sehr auf die Erfüllung der eigenen Wünsche, sondern überlässt das Gelingen und Handeln ganz und gar Gott. Deshalb braucht er auch nicht mit lauter Stimme zu beten, sondern kann ganz still sein. Er weiß um sich selbst und um seine eigene Gebrochenheit, sein Leid.

Diese Erfahrung zeigt sich auch bei erfüllter Sexualität, die den ganzen Menschen annimmt – mit allen Empfindungen, allen Gedanken, eben mit Leib und Seele. Wie die Sexualität, so beginnt auch das Leben mit dem Gebet erst als langsamer, vorsichtiger Tastversuch, der allmählich Vertrauen schafft. Beide menschliche Grundhaltungen, Sexualität und Gebet, sind auf die Sensibilität der Partner angewiesen. Worte zerstören oft mehr, als sie helfen können. Aber ein Verstummen ist genauso verderblich wie Geplapper.

Wenn Sexualität jedoch nur noch zu einer fordernden Haltung wird, die den anderen dazu zwingt, dass er deine Wünsche erfüllt, dann wird sie genauso pervertiert wie das Gebet, das Gott erpressen will, um einen bestimmten Zustand herzustellen. Eine heilende Sexualität braucht genauso wie das Gebet Hingabe, braucht das vorsichtige, liebevolle Umgehen miteinander und den Schutzraum einer Intimität.

Immer dort, wo Menschen – ob Gebet, ob Sexualität – die eigenen oder fremden Grenzen verletzen, ist die Beziehung gefährdet.

Manche Menschen lächeln darüber oder verstehen nicht, dass Zölibatäre ohne körperliche Sexualität leben können. Aber die Erfüllung im Gebet ist ganz ähnlich wie in der Sexualität und Erotik. Natürlich ist es nur schwer nachvollziehbar, dass ein tiefes Gebet, das Leib und Seele einschließt, ein Geschenk ist, um – über die Erfahrung der Sexualität hinaus – eine intensive Erfahrung in der Beziehung zu Gott machen zu können. Doch Mönche und Nonnen in allen Religionen haben dies immer gewusst und praktiziert. Dazu gehören natürlich die Regelmäßigkeit und der Rhythmus, die Bewusstheit des Körpers – und die Mühe und Anstrengung der täglichen Übung.

Der verplante Mensch

Ein guter Chef, so empfehlen die Management-Trainer, darf nur 50 Prozent seines Tages fix verplanen, damit er noch genügend Zeit für aktuelle Probleme und Entscheidungen hat.

Jeder, der sich mit Betriebs- und Organisationsstrukturen beschäftigt, weiß, dass dieser Satz stimmt – auch wenn er nur schwer in die Praxis umzusetzen ist. Untersuchungen haben ergeben: Chefs mit übervollen Terminkalendern können weder vernünftig planen noch organisieren oder dringend notwendige Dinge aufarbeiten. Die chaotische Organisation schadet dem Betrieb und den Mitarbeitern, sie verzögert oder verhindert die erforderlichen Planungen und Entscheidungen. Solche Chefs verderben das Betriebsklima und erzielen keine Effizienz im Unternehmen.

Gilt diese Erkenntnis auch für das Leben außerhalb von Arbeit und Beruf? Darf ein »guter Mensch« auch nur 50 Prozent seiner Zeit fest verplanen, damit er/sie in den übrigen Stunden für aktuelle Aufgaben Raum und Zeit zur Verfügung hat?

Jeder kann sich nüchtern fragen, wie er seine Zeit klug einteilt – und ob ihm genügend Raum für unvorhersehbare Fragen bleibt. Er kann die Frage an sich stellen: Wie verhalte ich mich als Chef zu mir selbst? Bin ich total verplant?

Kinder erfahren schon in der Schule den Lern-Stress. Mit einer Fülle von sogenannten nützlichen Terminen werden sie völlig verplant. Und oft hören wir auch bei Freunden und Bekannten: »Leider keine Zeit – ich bin schon verplant.« Sogar selbst erwischt man sich: »Ich habe keinen Termin mehr frei.«

Wenn dieser Zustand zu lange anhält, werden der Körper und die Seele in einem Organisationschaos versinken. Unser eigenes inneres »Betriebsklima« wird Schaden nehmen und wir werden nicht mehr leben wollen oder können. Deshalb lässt sich der Rat des Management-Beraters auch aufs private Leben übertragen: »Ein guter Chef verplant nur 50 Prozent seiner Zeit. In den übrigen Stunden sorgt er sich um das aktuelle Leben.«

Dieses Prinzip gilt auch für das Gebet und die daraus entstehende Gottesbeziehung: Die meisten Menschen nehmen sich keine Zeit für ihr geistliches Leben.

Jeder vernünftige Mensch sollte etwas tun für seinen Leib, für seine Seele und für seinen Geist. Wer zum Beten keine Zeit mehr hat, wird bald auch für seine Seele und schließlich fürs Essen und Trinken keine Zeit mehr haben. Dann funktioniert der Mensch nur noch wie ein Rädchen in der großen Maschine. Deshalb ist es wichtig, dass man sich Zeit nimmt für geistliche Übungen, auch wenn es nur ein paar Minuten am Tag sind. Wer sich selbst ein guter Chef sein will, darf nicht nur den Körper ins Fitnessstudio schicken und die Seele zum Psychiater oder Therapeuten: Er muss auch etwas tun für sein geistliches, religiöses Leben. Es ist die Quelle für körperliches und seelisches Wohlbefinden. Viele Krankheiten entstehen, wenn das spirituelle Leben gestört ist oder ganz fehlt.

Ob du in deinen »freien« Stunden über die Schöpfung nachdenkst, ob du einen Rosenkranz betest, einen Psalmvers liest oder einen Meditationskurs besuchst, ob du dich in ein Gebet versenkst oder im Wald spazieren gehst: Es ist unwesentlich, was du tust – entscheidend ist, dass du überhaupt versuchst, religiöse Erfahrungen zu machen und die transzendente Wirklichkeit zu spüren, die wir Gott nennen.

Er hat es nicht verdient

Sie war wild entschlossen, die Scheidung einzureichen. In der Beziehung zu ihrem Mann war keine Gesprächsmöglichkeit mehr vorhanden. Am Ende hatte er sie auch noch betrogen. Wie lange sein Verhältnis zu dieser fremden Frau bestand, war nicht bekannt. Die meisten Freunde und Berater hatten ihr zur Scheidung geraten. Es sei aussichtslos. Und: »Er hat es nicht verdient, dass du es noch einmal versuchst.«

Ein Junge hatte zum wiederholten Mal im Supermarkt gestohlen. Lehrer und Eltern waren ratlos. Auch die Erziehungsberater hatten alles versucht: Tests wurden gemacht, Therapien angewandt. Und jetzt war es wieder geschehen. Die Anzeige wurde nicht zurückgezogen. Man wollte sich nicht der Gefahr eines neuerlichen Diebstahls aussetzen. »Er hat es nicht verdient, dass wir es noch einmal mit ihm versuchen«, sagten die Beteiligten.

Ein Chef hatte seinen Arbeiter mehrmals schon darauf hingewiesen, dass er Schwarzarbeit nicht tolerieren würde. Und jetzt hatte der Mann »krank gefeiert« und während dieser Zeit sogar schwarz gearbeitet. Die Wirtschaftspolizei hatte ihn erwischt. »Er hat es nicht verdient, dass er seinen Arbeitsplatz behält«, sagte der Chef. Und die Arbeitskollegen waren der gleichen Meinung.

Ein Mensch hat sein Leben gelebt, mehr schlecht als recht. Seine Ehe war in die Brüche gegangen. Er hatte einen Autounfall mit Todesfolge verursacht. Die Kinder hatten sich von ihm abgewandt. Dann begann er auch noch zu trinken. »Er hat es nicht verdient, dass er in den Himmel kommt«, sagte Gott, »aber ich werde ihm trotzdem seinen Platz geben, weil man Liebe geschenkt bekommt und nicht verdienen kann.«

Du kannst Geld verdienen. Du kannst dich um eine Sache und um ein Anliegen verdient machen. Du kannst dich abrackern und trotzdem immer wieder versagen. Das Leben und die Liebe aber kannst du nicht verdienen, auch wenn du dich noch so sehr darum bemühst: Du wirst sie dir schenken lassen müssen. Gott gebe, dass es auf Erden Menschen gibt, die dich beschenken, selbst wenn du es nicht verdienst.

Auch mit dem Gebet kann sich der Mensch nichts »verdienen«. Viele haben die irrige Vorstellung, dass sie von Gott umso mehr Zuneigung und Gnade erhalten, je mehr sie beten. Das Wort »verdienen« bringt dieses Denken in die Nähe eines Geschäftes; denn Verdienst ist der Lohn für etwas, das jemand vorher geleistet hat. Die Gnade Gottes kann niemand verdienen – sie ist einfach da.

Ein indischer Weiser wurde einmal gefragt: »Warum meditierst du denn?« Seine Antwort: »Ich meditiere, damit ich wach bin, wenn die Sonne aufgeht.«

Das Wort »meditieren« kann man durch »beten« ersetzen – es ergibt den gleichen Sinn: Mit seiner Gebetsleistung kann niemand den Zugang zu Gott oder seiner Gnade erzwingen. Das Gebet ist eine Übung für dich allein. Beten bedeutet also: Du disponierst dich für Gott, indem du dich auf seine Schwingung einstellst. Beim Beten justierst du deine spirituelle Richtantenne auf Gott hin: Das sind der Sinn und das Ziel der Gebete, nicht eine sofortige Gegenleistung in Form von göttlicher Zuneigung. Gott rechnet nichts an und nicht auf.

Die ständige Einübung des Betens kann dich mit Gott in Berührung bringen – als ein Geschenk, nicht als Gegengeschäft. Das Gebet selbst ist keine Leistung, sondern hat die Funktion, eine Beziehung zu Gott herzustellen.

»Ich kann nichts sehen!«

Der Kaplan hatte sich in der Kirche große Mühe gegeben, um den Kindern das Geheimnis der Auferstehung Jesu und seiner Gegenwart unter uns Menschen zu erklären. Er hatte ihnen die Osterkerze gezeigt und das Wasser, das als Zeichen des Lebens in der Osternacht gesegnet wurde. Er hatte das große Evangelienbuch hochgehoben, um ihnen begreiflich zu machen, dass Jesus mit seinem Wort unter den Menschen lebt. »Er ist lebendig. Er ist auferstanden. Er ist mitten unter uns«, sagte der Kaplan.

In der sechsten Bankreihe saß ein Kind neben seinem Vater und versuchte über die Köpfe und Rücken der Menschen hinweg nach vorne zu schauen. »Könnt ihr Jesus sehen?«, fragte der Kaplan, »und könnt ihr das glauben?«

»Ich kann nichts sehen!«, sagte das Kind zum Vater. Niemand kann etwas sehen und glauben, wenn ihm die großen

Dinge und Menschen die Sicht verstellen und er keine Erfahrung von einer lebendigen Wirklichkeit machen kann. Keiner möchte nur mit Worten abgespeist werden, jeder will wirklich essen und trinken. Du kannst nicht sehen und nicht glauben, wenn du die Erfahrung des Lebens nicht wirklich machst. Oft geht es dir wie dem Kind in der sechsten Bankreihe einer überfüllten Kirche: Die Menschen, deine eigene Geschichte, deine Ängste, deine Hoffnungen und Enttäuschungen versperren dir die Sicht. Du wünschst dir einen freien Blick, um auf den lebendigen Christus schauen zu können – und findest dich doch immer wieder unter den vielen Menschen und Dingen, die sich dir in den Weg stellen und die dein Leben oft so schwer machen.

In der sechsten Bankreihe in der Kirche nahm der Vater das Kind in seine Arme und streichelte ihm über den Kopf. In diesem Augenblick war es nicht mehr wichtig, ob das Kind vorne etwas sehen konnte oder nicht. Es war nur noch wichtig, dass es die Erfahrung der Nähe des Vaters gemacht hat.

Eine solche Erfahrung kann der Anfang des Glaubens sein.

Wer aus dem Alltag herausgeht und betet, dem geht es oft wie diesem Kind: wir sitzen da, sind eingeklemmt und von unmittelbaren Erfahrungen abgeschnitten. Man erzählt uns viel von religiösem Erleben, aber wir spüren es selbst nicht. Wir hören die Worte, machen aber keine persönliche Erfahrung. Da wird erzählt von Gott, der uns hält und bewegt, in dem wir geborgen sind, und man sagt uns, wir sollen beten, um solche Erfahrungen zu machen. Aber wir sind nicht unmittelbar an diesen Geschehnissen beteiligt, weil wir sie nur wie auf einer Leinwand sehen.

Wenn im Gebet die religiösen Bilder nur im Kopf vorhanden sind und sich nicht direkt auf dein Leben auswirken, dann ist die Gefahr groß, dass dein Gebet immer dünner wird – und zuletzt ganz versiegt. Viele Menschen haben an das Gebet eine zu hohe Erwartungshaltung. Wenn ich bete, sagen sie, dann stellt sich die viel zitierte Gotteserfahrung schon ein; sie betrachten ihr Gebet wie einen spannenden Krimi im Fernsehen. Doch das ist eine Utopie. Im Gebet erlebt sich der Mensch selbst, aber auch in seinen Beziehungen zu anderen und zu Gott.

Gott im Gebet zu erleben, muss nicht immer die Erfahrung von Nähe sein, sondern kann ebenso Gottesferne bedeuten – auch das ist eine Form von Gottesbeziehung. Und sie braucht Geduld.

Die Erfahrung von Nähe und Ferne, Einsamkeit und Gemeinsamkeit, Hoffnung und Trauer, Glück und Ängsten kannst du nicht wie einen Crashkurs buchen. Beten ist eine Einübung, die lange dauern kann, bis du endlich etwas siehst, erahnst, spürst. Dabei ist es oft hilfreich, wenn dich jemand an der Hand nimmt und dich führt – wie es der Vater mit seinem Kind getan hat, das zwar nichts gesehen hat, aber dann eine gute Erfahrung von Zuneigung machen konnte.

Vom Knoten zum Gebetsteppich

Vor ein paar Wochen bekam ich ein Paket. Es war gut verpackt und verschnürt, ein festes Paket mit vielen Knoten. Der erste Gedanke war, diesen »gordischen Knoten« zwar nicht wie Alexander der Große mit einem Schwert, aber mit einer Schere zu durchtrennen. Das wäre die schnellste und scheinbar effektivste Art gewesen, an den Inhalt des Paketes heranzukommen.

Da fiel mir meine Großmutter ein, die – wenn sie ein Paket bekam – sich die Mühe machte, alle Knoten sorgfältig zu lösen und die Schnur aufzubewahren. »Für alle Fälle«, wie sie sagte. Da ich Zeit hatte, machte ich mir ebenfalls die Mühe und löste mit Geduld die 27 Knoten des Paketes. Es war ein Erfolgserlebnis. – Und die Schnur blieb ganz.

Vorgestern war eine Patientin bei mir, die mir sehr beunruhigt sagte, dass der Arzt in ihrer Brust einen Knoten festgestellt hat. Sie müsse jetzt umgehend zu gründlichen Untersuchungen gehen. Und eventuell müsse der Knoten herausgeschnitten werden. Sie hatte Angst, weil sie die Frage bewegte: Ist der Knoten gutartig oder bösartig?

Gestern las ich auf der österreichischen Autobahn ein Hinweisschild auf das nächste Autobahn-Kreuz: »Knoten Salzburg – 5 Kilometer«. Wieder ein Knoten!

Der eine Knoten brachte mir die Erinnerung an meine Großmutter, die ihn mit Geduld und Sorgfalt gelöst hat. Der andere Knoten war beängstigend – und der dritte war ein Weg.

Ein Knoten entsteht aus Verbindungen. Wenn zu viele Fäden sich zu einem Knäuel verwurschteln, entsteht ein Knoten, der nur schwer oder überhaupt nicht mehr zu lösen ist. Auch sehr komplizierte Verbindungen, Eindrücke, Erfahrungen und Ereignisse führen oft zu Knotenbildungen. Die Lösung kann ein radikaler Eingriff oder ein Schnitt sein, aber dann besteht die Gefahr, dass sich wieder neue Knoten bilden. Nur wenn mit Sorgfalt, mit Aufmerksamkeit und mit viel Geduld die Knoten aufgelöst werden, ist die Chance gegeben, dass Knoten zu Wegen, Möglichkeiten und neuen Verbindungen werden.

Ein Knoten ist immer ein Kreuzungspunkt, in dem viele Verbindungen zusammenlaufen, also meist eine sehr unübersichtliche Stelle. Knoten können eine Verbindung beenden, aber auch eine neue beginnen. Das gilt gleichermaßen für Schnüre, für Straßen, für Körperzellen, für Beziehungen. Manchmal, wenn sich im Knoten alles total verwirrt hat, bleibt einem nichts Besseres übrig, als ihn wie Alexander der Große radikal zu zerschlagen, zu zerschneiden. Aber im Normalfall ist es klüger, den Knoten zu betrachten – und ihn sanft zu entwirren. Dann bleibt die Schnur erhalten, mit der man wieder etwas Sinnvolles tun kann.

Im Leben können aus Verknotungen und Verknüpfungen neue Beziehungen hergestellt werden. Der Knoten selbst gibt dir die Chance, dass du im Kreuzungspunkt deine Richtung änderst und einen neuen Weg einschlägst. Wenn du die Verbindungen und Beziehungen im Knoten durchschaust und verstehst, dann eröffnet er dir neue Möglichkeiten. Das ist am Autobahn-Kreuz nicht anders als im Leben eines Menschen. Der Knoten in der Brust der Frau kann ihr Hinweise geben, was sich in ihrem Leben verknotet hat – und dass sie, um wieder heil zu werden, eine andere Richtung einschlagen muss und dadurch ihren Lebensweg ändert.

Menschen sind ständig mit solchen Knoten konfrontiert. Sie können dem Leben Halt geben, aber auch gefährlich werden.

Das Gebet ist eine Möglichkeit, Knoten aufzulösen. Beim Beten machst du dir deine Beziehungsstränge bewusst, wirst dir klar über Verknüpfungen und kannst Verwirrungen bereinigen. Wer vor einem körperlichen, seelischen oder geistigen Knoten steht, kann sich im Gebet darum bemühen, ihn aufzulösen. Oft ist das mühsam und braucht viel Sorgfalt und Geduld.

Aber das Lockern und die Beseitigung des Knotens sind erst der halbe Weg, denn die Lösung des Problems erfordert neue Schritte – im eigenen Verhalten, in der Beziehung zu anderen Menschen oder zu Gott.

Jedes Leben ist eine Anhäufung von Knoten. Das Gebet kann helfen, dass daraus nicht ein wirres Knäuel entsteht, sondern dass – Knoten für Knoten – ein symbolischer Lebensteppich geknüpft wird, in dem die Muster und Farben miteinander harmonieren. Es ist sicher kein Zufall, dass es in vielen Religionen Gebetsteppiche gibt, die die Gläubigen zur inneren Einkehr, zum Gebet einladen.

»Saugeil!«

Anfang des Winters ereignete sich am Mondsee ein tragisches Unglück, das Schmerz und Trauer auslöste: Zwei Schülerinnen kamen mit ihrem Auto auf der eisglatten Straße von der Fahrbahn ab, das Auto schleuderte und stürzte in den See. Beide Schülerinnen ertranken im eiskalten Wasser.

Die Schule ist 15 Kilometer vom Wohnort der Verunglückten entfernt. Auf dem Parkplatz der Schule hatten die beiden einen Mitschüler – Maximilian – getroffen und ihn eingeladen, mit ihnen nach Hause zu fahren, um eine Klassenarbeit vorzubereiten.

Während der Fahrt, nach etwa zehn Kilometern, entschloss sich Maximilian, in St. Gilgen auszusteigen und nach Hause zu gehen. Er wohnt in St. Gilgen. Warum er das tat, konnte er später gar nicht mehr sagen. Wenige Minuten später ereignete sich der todbringende Unfall. Wäre er im Auto gesessen, würde er heute nicht mehr leben.

Ich kenne Maximilian und seine Familie sehr gut. Ein halbes Jahr vorher war sein Vater unter tragischen Umständen gestorben. Ich hatte mit ihm oft und lange gesprochen. Als ich von diesem neuerlichen Unglück und den Umständen erfuhr, versuchte ich, ihn zu erreichen. Ich probierte es per Telefon und auf seinem Handy. Aber es gelang mir nicht. Dann schickte ich ihm eine E-Mail: »Wenn du willst, können wir miteinander reden.« Es kam keine Antwort.

Einige Tage später, auf einer Wanderung, trafen wir uns »zufällig« auf dem Weg. Er war allein unterwegs. Ich erkannte ihn von Weitem: Seine platinblonden Haare leuchteten in der Sonne.

»Hey – danke für die ›Mail‹. Ich hab sie bekommen.« – Pause. Dann fragte Maximilian: »Kann ich ein Stück mit dir gehen?«

»Natürlich, gerne.«

»Du hast von dem Unfall gehört? Ich bin völlig durcheinander. So ein Scheiß! – Immer kommen die gleichen Fragen, auf die ich keine Antwort finde. Zuerst das Ganze mit dem Vater, dann die beiden Mädchen. Die waren immer gut drauf. Jetzt sind sie tot – und ich lebe … warum?«

Ich konnte ihm keine Antwort geben.

»Warum passiert so etwas? Wenn einer alt und krank ist, dann ist es o.k., dass er stirbt – das kann ich verstehen. Ist zwar auch schlimm, aber das ist halt so. Aber die beiden Mädchen waren jung und lebenslustig. Warum mussten sie sterben?«

Ich wusste keine Antwort.

»Ist es Schicksal oder Zufall oder ist es eine Strafe? Ich bin doch nicht besser als sie gewesen. Warum ist das geschehen?«

Ich wusste keine Antwort.

»Ist das Leben nicht ein Scheiß? Warum lebe ich noch? Ich weiß nicht, warum ich zu ihnen ins Auto gestiegen bin, und ich weiß auch nicht, warum ich wieder ausgestiegen bin. Was hat mich beschützt? Was hat mir nur geholfen? Gott vielleicht? Aber warum hat er mich beschützt und nicht die beiden? Warum lässt Gott so etwas zu? Warum greift er nicht ein, wenn es ihn gibt? Ich bin doch nicht besser als sie. Ich gehe selten in die Kirche – an Weihnachten und an Ostern vielleicht. Daran liegt es doch nicht – oder doch?«

Ich konnte alle diese Warum-Fragen verstehen, aber keine davon beantworten.

»Ich frage mich, warum habe ich überlebt, warum lebe ich noch?«

Ich hatte keine Antwort.

»Es ist vielleicht verrückt. Du wirst es nicht glauben. Aber ich bete jeden Tag einmal. Es ist kein richtiges Gebet – so mit allem Drum und Dran. Es ist nur ein Gedanke, für ein paar Sekunden … Weißt du, an der Innenseite meiner Zimmertür hängt ein Bild. Ich habe es einmal selbst gemalt. Genau kann ich nicht mal sagen, was da drauf ist – vielleicht nur ein Gefühl: Sonne und Wasser und so. Und wenn ich am Morgen aus dem Zimmer gehe und das Bild anschaue, dann denke ich mir – oder es kommt mir einfach in den Sinn: ›Gott, es ist saugeil, dass du mich den ganzen Tag beschützt.‹

Das denke ich mir und ich glaube auch, dass es so ist. Aber es ist sicher kein richtiges Gebet. Und ich zweifle auch, ob ich deswegen noch lebe. Erstens ist das kein so tolles Gebet. Und zweitens – vielleicht haben die beiden Mädchen auch gebetet und sind doch gestorben.«

»Du betest, damit Gott dich behüten soll?«

»Nein, eigentlich nicht. Ich bete nicht, dass er es soll. Ich finde es saugeil, dass er es einfach tut. Das denke ich mir.«

»Dass er dich den ganzen Tag beschützt?«

»Ja.«

»Die ganze Woche?«

»Ja.«

»Das ganze Jahr?«

»Ja.«

»Dein ganzes Leben?«

»Ja.«

»Bis zum Tod und darüber hinaus?«

»Jaaa – aber was willst du wissen?«

»Ich will dich fragen, ob du glaubst, dass Gott dich auch beschützt im Unglück, im Tod und auch noch nach dem Tod?«

»Hmm – du meinst, Gott ist immer da und beschützt mich, auch im Scheiß?«

»Ich meine, dass du so betest und so denkst und dass es auch so ist.«

Nachdenklich sagte er: »Du meinst, ich denke, dass Gott mich immer beschützt? Wow, das habe ich bisher noch gar nicht gewusst. Meinst du, dass er mich und alle Menschen so beschützt – die Guten und die Bösen und die ganze Welt?«

»Ja.«

»Und du meinst, dass er sie auch beschützt, wenn ein Unglück geschieht und sie sterben?«

»Ja.«

»Dass es egal ist, was passiert? Dass er die Menschen beschützt, auch wenn sie sterben, auch über den Tod hinaus, immer und überall?«

»Ja.«

»Und warum macht er das?«

Maximilian erwartete keine Antwort mehr auf seine »Warum-Frage«. Er hatte gespürt, dass ich sie nicht beantworten konnte. Umso überraschter war er, dass ich sie doch beantwortete.

»Weil er saugeil ist«, sagte ich.

Maximilian schaute mich an. Sein Gesicht zeigte Erstaunen, Überraschung, Freude, Schmerz, Einsicht und Verwunderung zugleich. Dann murmelte er: »Er ist so. Es ist so. Ich kapier es nicht, aber es stimmt.«

Nach einer Weile verabschiedeten wir uns. »Tschau!«, sagte er, »und wenn du den lieben Gott irgendwo triffst, in deiner Kirche oder sonst wo, dann sag ihm einen schönen Gruß von mir.«

P.S.: In Anbetracht der Tatsache, dass ich – wie sicher auch einige Leser und Leserinnen dieses Buches – nicht mehr ganz der jüngeren Generation angehöre und über das Wort »saugeil« einigermaßen bestürzt oder zumindest verwundert war, habe ich mich entschlossen, auf die Suche zu gehen nach einer Erklärung für dieses Wort, das man ja häufig hört.

Ich habe ein paar Jugendliche gefragt, was denn dieses Wort bedeutet – und sie gaben mir einige Erklärungen. Es bedeute soviel wie »super, cool, toll, klasse, schwer in Ordnung, aufregend, anregend, einfach gut«. Sie sagten mir, dass es noch viele andere Erklärungen für dieses Wort gäbe, die man aber nicht so einfach mit Worten ausdrücken kann – man müsse es einfach erleben.

Bibelwissenschaftler und Exegeten werden mir natürlich nicht ganz recht geben, wenn ich dieses Wort auf Gott übertrage und sage, dass es wohl in Bezug auf Gott bedeutet, dass er ganz einfach gut ist. In vielen Psalmversen begegnet uns dieser Begriff – und in vielen anderen Gebeten wahrscheinlich auch. Da wird von der Güte, von der Allmacht, von der Menschenfreundlichkeit Gottes gesprochen – und davon, dass Menschen diesem Gott dankbar sind, weil er sie beschützt und für sie da ist.

Ich kann mir nicht vorstellen, dass dieses Wort in den allgemeinen liturgischen Sprachgebrauch übernommen wird oder Eingang in die Gebetbücher findet. Aber ich weiß, dass das, was Maximilian damit gemeint hat, die Sache mit Gott genau trifft.

Leben wollen

Ein Vater saß mir gegenüber und war ziemlich verzweifelt. Er hatte wirklich ein Kreuz zu schleppen – nicht nur mit sich selber, sondern vor allem mit seiner »halbwüchsigen« Tochter, obwohl sie ihm schon über den Kopf gewachsen war.

Fast jede Woche spielte sich die gleiche Szene ab. »Von Sonntagabend bis Donnerstagabend kennt sie mich nicht und lässt mich links liegen«, klagte der Vater. »Wenn ich sie anspreche, zeigt sie mir den Rücken. Sie missachtet mich und alle anderen auch. Wenn ich mit ihr spreche, bekomme ich kaum eine Antwort. Aber am Freitag früh ist sie wie ausgewechselt. Da fängt sie an zu schmeicheln und zu bitten, und am Nachmittag hat sie mich so weit, dass ich ihr wieder Geld für die Disco gebe – und dann ist sie bis zum Sonntag verschwunden.«

Ich schüttelte ebenso bedenklich den Kopf wie der Vater. Auch war ich ein wenig solidarisch mit ihm, weil ich ihn verstehen konnte. Dann fragte mich der Vater: »Können Sie sich vorstellen, was meine Tochter für ein Miststück ist?«

Natürlich konnte ich mir nicht vorstellen, wer sie war und was sie tat. Aber ich verstand den Schmerz und die Verzweiflung des Vaters.

In dieser Situation fiel mir das 18. Kapital des Lukasevangeliums ein, in dem Jesus von einem gottlosen Richter erzählt, der auf niemanden Rücksicht nimmt, und von einer Witwe, die immer wieder zu ihm kommt und ihn bittet, ihr Recht zu verschaffen. Der gottlose Richter sagt: »Ich fürchte zwar Gott nicht und nehme auch auf keinen Menschen Rücksicht; trotzdem will ich dieser Witwe zu ihrem Recht verhelfen, denn sie lässt mich nicht in Ruhe; sonst kommt sie am Ende noch und schlägt mir ins Gesicht.«

Die beiden Geschichten schildern das gleiche Drama. Menschen haben keine Beziehung zueinander: der Vater nicht zur Tochter, der Richter nicht zur Witwe. Sie haben nur noch Angst voreinander, wahrscheinlich auch Wut, und sie sind verzweifelt. Es wird deutlich, dass die Ehrfurchtslosigkeit vor Gott und der Unglaube unmittelbar Auswirkungen auf menschliche Beziehungen haben. Wer nicht glauben kann und keine Ehrfurcht vor Gott hat, der hat schnell auch keine Ehrfurcht vor den Menschen. Er hat Angst – und missachtet das Leben. Ehrfurchtslosigkeit ist so etwas wie Lebensüberdruss und Lebensverachtung.

Glauben bedeutet: Vertrauen haben, solidarisch sein, mitdenken, mitleiden und mitfühlen. Ehrfurchtslosigkeit ist eine Form von Unglauben, weil der Mensch keine Beziehung zu Gott hat. Aber Gott ist immer da, er weiß um deine Not. Not, Freude, Trauer, Schmerz, dein ganzes Leben sind in ihm aufgehoben, auch wenn du selbst keine Beziehung zu ihm hast.

Jesus verkündet den solidarischen Gott. Aber es ist an uns, ob wir glauben und vertrauen können. Gottes Glaube zeigt sich also in menschlicher Solidarität, im Mitgefühl füreinander, im Hören aufeinander, im praktischen Erleichtern eines Schmerzes, im Mitgehen auf einem schweren Weg, im Mittragen von Leid und Verzweiflung, im Sehen von Ungerechtigkeit und im Lösen von Fesseln und Schuld.

Wenn du also beten willst, dann brauchst du eine Beziehung – zu wem auch immer: zu dir selbst zuallererst, zu Menschen und auch zu Gott.

Wie es dir oft mit dir selbst und mit den Menschen geht, so geht es dir manchmal auch mit Gott: Du spürst deine Einsamkeit und glaubst, dass Gott und alle Menschen weit weg von dir sind. Es kommen Gedanken hoch, dass sich niemand für dich interessiert und dass du ganz alleine in dieser Welt bist. Schon in den Psalmen wird geklagt, »der im Himmel oben« kümmere sich nicht um die Menschen und sei an allem schuld: an deinem Unglück, deiner Verzweiflung und an deiner Krankheit. Eine Wurzel dieses Zweifels ist die Beziehungslosigkeit.

Wenn du Schmerzen hast oder Unglück erleidest, wenn du krank und verzweifelt bist: Vielleicht findest du dennoch zu Gott. Aber in einer so schwierigen Situation machen die Menschen Gott oft zum »Notautomaten«. Wochenlang, oft jahrelang kommt Gott dir nicht in den Sinn – und auf einmal soll er dir helfen. Aber er kann dir gar nicht helfen, denn du würdest seine Hilfe nicht spüren, weil du keine Beziehung zu ihm hast.

Das ist ähnlich wie bei Menschen.

Kannst du einem Menschen vertrauen, den du nicht kennst, zu dem du keine Beziehung hast? Wohl nur schwer! Da ist es sogar leichter, einem Menschen mit Fehlern und Mängeln zu vertrauen, wenn er dir bekannt ist und wenn du um seine Stärken und Schwächen weißt.

Bevor du also zu beten anfängst, solltest du dich fragen, ob du überhaupt eine Beziehung zu Gott hast. Und du musst darauf achten, dass du in Beziehung zu dem trittst, den du ansprechen möchtest: Das gilt für dich selber, für die Menschen und auch für Gott.

Manchmal kommt dir deine Beziehung zu Gott vielleicht vor wie die Beziehung der halbwüchsigen Tochter zu ihrem Vater: Sie geht nur zu ihm, wenn sie etwas braucht. Und dieser Vater hat wahrscheinlich Ähnlichkeiten mit Gott: Er ist da, obwohl er immer wieder vernachlässigt wird.

Gott geht mit uns, auch wenn wir nicht mit ihm gehen. Es ist wahrscheinlich pädagogisch falsch, wie der Vater reagiert. Aber Gott handelt ebenso. Er verachtet nicht unsere Schwäche, sondern will, dass wir immer wieder zu ihm kommen. Glauben heißt also, dass der Mensch in eine Beziehung zu Gott tritt. Um beten zu können, brauchst du diese Beziehung. Wenn dir

Gott so fremd geworden ist, dass du gar nicht mehr weißt, wie du die Beziehung aufbauen kannst, dann ist es hilfreich, dass du dich erst einmal um eine echte Beziehung zu dir selbst, zu den Mitmenschen, zur Welt und zur Schöpfung bemühst.

Ein Schlüssel, um beten zu lernen, ist die mühselige und oft aufreibende Beziehungsarbeit. Dabei kann schon helfen, dass du überhaupt wieder zu irgendetwas oder zu irgendjemandem eine Beziehung herstellst: zum Beispiel, indem du mit deiner rechten Hand die linke berührst oder einfach eine Hand in die andere legst und spürst, dass diese beiden Hände eine Beziehung zueinander haben. Vielleicht ist das schon eine Form des Gebetes, des Bittens.

Auch eine ganz einfache Zuwendung zu einem anderen Menschen kann zum Gebet werden. Denn auch diese Zuwendung gibt dir und dem anderen Leben und schenkt euch eine neue Beziehung.

Wenn es dir schlecht geht, wenn du selbst keine Hoffnung und kein Vertrauen mehr hast, dann wende dich deinem Herzen zu: Lege deine rechte Hand auf die Brust, auf dein Herz – und spüre deinen Herzschlag. So kannst du wieder eine Beziehung zu dir selbst aufnehmen. Und es geschieht dann oft, nicht immer, dass dein eigenes, hartes Herz fühlbar wird und sich durch die Berührung verändert. Auch das ist schon ein Gebet.

Vielleicht verlassen wir uns zu sehr auf viele Worte. Das Gebet braucht sie nicht. Wichtiger ist beim Gebet das innere Wissen um eine Beziehung. Immer dann, wenn es dir gelingt, in irgendeiner Form in eine Beziehung einzutreten, kann sich ein Hauch von Gottesbeziehung ereignen. Dies ist umso leichter, je mehr du dich darum bemühst, sensibel und aufmerksam zu sein; denn deine Sinne, deine Augen, deine Ohren und deine Hände sind die besten Werkzeuge, um Beziehungen zu anderen Menschen herzustellen. Wenn du das schaffst, überwindest du die Mauern der Trennung und Isolation, der

Einsamkeit, des Unglaubens und der Ehrfurchtslosigkeit: Der Himmel öffnet sich für dich. Deshalb ist es lebensnotwendig, sorgfältig mit Menschen umzugehen, denn jede Beziehung, auch die zu dir selbst, kann dir die Tür zu Gott aufmachen.

Das Vier-Sterne-Lokal des lieben Gottes

In unserem Kloster bin ich Kellermeister und leidenschaftlicher Hobbykoch. Das alles erfordert viel Mühe und Sorgfalt. Ich weiß, dass dasselbe auch für das Gebet gilt. Aber ich mache noch eine andere Erfahrung: Jeden Tag versammeln wir Mönche uns viermal zum Gebet. Dabei erfahre ich, dass uns Gott ein Mahl in dem Lobpreis bereitet hat, den wir singen.

Wir beten uns als Mönche durch den Tag. Unser Gebet durchzieht das ganze Leben. Wir singen vom Leiden der Menschen und von ihrer Freude. Wir beten die Flüche der Ratlosen und die Schmerzensschreie der Kranken. In unseren Gebeten sammeln sich die Erfahrungen der gesamten Menschheit, die Gott uns bereitet hat, damit wir sie schmecken und kosten. Aus diesem Schmecken und Kosten, aus diesem Lobpreis entsteht ein Gebet, das nicht mehr unsere Leistung ist, sondern ein Geschenk Gottes. In gewissem Sinn sind wir jeden Tag in das Vier-Sterne-Lokal Gottes eingeladen. Er sättigt uns mit den besten Speisen, die er hat. Zu ihnen gehören die Wunden und Verzweiflungen der Menschen ebenso wie ihre Freude und ihre Jubellieder.

Manche Lieder und Gebete sind mir ein wenig zu süß, manche zu bitter und zu rau. Aber wenn ich alles schmecke und erfahre, wenn ich das Leben in seiner Fülle in mich aufnehme, dann spüre ich, dass mir Gott ein Festmahl aus den feinsten Speisen bereitet hat, dass er mich täglich hinführt zur Fülle des Lebens.

Ich weiß, dass nicht alle Menschen Mönche sind – und auch nicht werden können. Aber ich bin der Überzeugung, dass das ganze Leben zu einem Psalm, zu einem Lob, Dank und Klagelied werden kann, dass das Leben, wenn ich es schmecke und erfahre, zu einem Gebet wird – wie ein Psalm und wie ein Kirchenlied.

Die Küche für das Gebet ist die Erde. Menschen und menschliche Erfahrungen sind die Zutaten. Unser Schmecken, Riechen und Fühlen sind die Gewürze. In der Küche des Lebens gibt es nicht nur Festmähler, sondern auch Fastenspeisen und die Diätküche: alles zu seiner Zeit, alles mit seiner Mühe und mit seiner Freude.

Berührt werden

In einem Gespräch mit Jugendlichen wollte ich die jungen Leute dazu bewegen zu beten. Einer von ihnen sagte zu mir: »Was, schon wieder beten! Das ist so fad. Da rührt sich doch nichts.«

Diese Bemerkung des 17-Jährigen überraschte mich, aber er hatte recht. Viele Menschen machen die Erfahrung, dass ein Gebet öde, trist und leer ist – und sie nicht berührt. Ich fragte den jungen Burschen, was er denn lieber täte, was ihn wirklich berühren würde. Und er antwortete: Fußball spielen, in der Disco abtanzen, mit einem Mädchen im Bett liegen.

Diese Wünsche und Bedürfnisse können, was auf den ersten Blick gar nicht so klar erkennbar ist, auch durch das Gebet erfüllt werden, wenn man es bewusst praktiziert. Denn Fußball spielen bringt dich in Beziehung zu anderen, es fordert dich und du musst dich in eine Gruppe integrieren, die als Mannschaft spielt. In der Disco erleben sich Jugendliche – oft isoliert voneinander – als Menschen, die einen gemeinsamen Rhythmus haben und nicht nur äußerlich, sondern auch innerlich in Bewegung sind. Und in der liebevollen zärtlichen Begegnung mit einem anderen im Bett erlebst du dich als angenommen und geliebt.

Mögen solche Erfahrungen auch noch so kurzlebig oder vordergründig sein: Es ereignet sich etwas, das dich im tiefsten Innern berühren kann. Das Geheimnis aller drei Wünsche aber ist, dass du zwar selbst etwas tust, doch viel wesentlicher ist, dass du beschenkt wirst. Dasselbe gilt für das Gebet. Natürlich fordert es von dir erst einmal Mühe, die du auf dich nehmen musst. Doch das meiste ist dir geschenkt: Gott selbst beschenkt dich im Gebet. Er lässt dich erfahren, dass du als Mensch geliebt bist mit Leib und Seele.

Du kannst diese Wahrheit immer wieder neu erleben. Der Schöpfer, der Himmel und Erde geschaffen hat, hat auch dich und alles um dich herum erschaffen. Wenn dir dies bewusst ist, hast du bereits eine Grundvoraussetzung für echtes Beten erfüllt. Dann begreifst du diese Wahrheit nicht nur mit deinem Verstand, sondern mit deinem ganzen Sein, vor allem mit dem Herzen. Das klingt einfach, aber diese Wahrheit ist schwer zu glauben, weil du sie nur begrenzt erleben kannst. Das Hindernis, um dies zu begreifen, ist die Unehrlichkeit uns selber, anderen Menschen und Gott gegenüber. Oft sind wir unfähig, ehrlich und ohne Maske vor einem anderen Menschen mit Leib und Seele einfach »da« zu sein. Es gelingt uns zu selten, die Wahrheit unseres Lebens nicht nur in Worten auszudrücken, sondern sie den anderen auch wirklich erfahren zu lassen. Meistens verbergen wir unser wahres Leben. Die Lüge besteht darin, dass wir entweder den Leib oder die Seele oder beides verleugnen. Lüge meint hier auch äußerliches Getue, meint Eitelkeit, Gefallsucht und Stolz.

Unsere Gesellschaft fordert diese Maskerade geradezu heraus. Immer wieder wird von uns erwartet, dass wir wie ein Pfau, wie ein scheinheiliger Clown auftreten. Aber so eine Haltung ist kein Gebet. Jesus Christus sagt über Menschen, die so beten: »Sie haben ihren Lohn schon empfangen« – nämlich den Lohn einer äußeren Ehre und Anerkennung.

Wenn du dein Menschsein, deinen Leib und deine Seele verleugnest, dann bist du niemand. Du kannst weder von den Menschen noch von Gott angerührt werden.

Wer aus ganzem Herzen und mit innerer Betroffenheit beten will, muss bereit sein, sich anrühren zu lassen – wie beim Fußballspiel, in der Disco oder in der zärtlichen Umarmung mit einem anderen. Ein Mensch, der satt ist, weil er meint, alles zu haben, braucht und will sich nicht auf andere einlassen. Er ist immer in der Gefahr, dass er selbstgenügsam ist oder zum Pharisäer wird.

Gebete werden oft deshalb so hohl, eitel und leer, weil die Menschen einen Schutzpanzer der Anonymität und der Unwahrheit um sich errichtet haben, um nicht wirklich erkannt zu werden. Dadurch verleugnen sie sich selbst, ihre Geschöpflichkeit und ihr Geschaffensein. Sie leugnen das göttliche Wunderwerk in sich – und verbergen sich hinter den selbst gemachten Masken. Wenn sie ohne Leib und Seele beten, entfremden sie sich nicht nur von sich selbst, sondern auch von anderen. Wer sich so abkapselt, kann nicht berührt werden. Aber die Berührung am Leib ist genauso wichtig wie das Berührt-Werden an der Seele. Beten schließt Leib und Seele mit ein.

Mensch wirst du nur, wenn du dich anrühren lässt – von der Hand Gottes oder von anderen Menschen. Dann erst stehst du wirklich zu den Impulsen des Leibes und der Seele, zu deinem eigenen Gefühl, zu deinem Verstand und deinen Empfindungen. Häufig halten es die Menschen für ein Gebet, wenn Gedanken und Empfindungen in Worte gefasst oder wenn Bitten und Lobpreis formuliert werden. Bleibt jedoch das Gebet in den Worten stecken, dann besteht die Gefahr der Wortklauberei – und es kann leer und hohl werden. Wenn es nur Worte sind, die das Gebet ausmachen, werden sie den Leib und die Seele nicht berühren, sondern kalt lassen.

Erst ein Gebet mit Leib und Seele schließt unser ganzes Menschsein ein.

»Bitte, segnen Sie mich!«

Es war eines von diesen »Zwischen-Tür-und-Angel-Gesprächen«, die ich überhaupt nicht liebe, weil sie weder ein vernünftiges Gespräch noch eine Orientierung zulassen.

An der Klosterpforte traf ich den Mann, der ziemlich verzweifelt schien. Er erzählte mir innerhalb weniger Minuten, dass er seit Jahren unter dem gleichen Krankheitssymptom litt: Nach den Ferien, nach dem Urlaub oder nach einer Kur wurde er immer wieder krank. Meistens war es eine schwere grippale Infektion, die ihn für 14 Tage oder drei Wochen ans Bett fesselte. Er wusste nicht mehr ein noch aus. Alle schulmedizinischen Abklärungen hatte er bereits hinter sich. Auch der Psychotherapeut, der sich eingehend um ihn bemüht hatte, konnte nicht helfen – die Symptomatik war immer wieder aufgetaucht.

Der Mann war ratlos. Er bat mich um Hilfe; ich aber wusste, dass ich ihm zwischen Tür und Angel nicht helfen konnte. Weil ich seine traurigen Augen sah, wollte ich ihm doch einen Termin anbieten, um einmal über seine Situation detaillierter zu sprechen. Er nahm dieses Angebot dankbar an.

Und dann sagte dieser Mann mühsam und für mich völlig überraschend: »Ich bitte Sie ganz herzlich um Ihren Segen.«

Ich ging also mit dem Mann in einen geschützten Raum im Innern des Klosters. Er kniete sich vor mich hin. Mit meiner ganzen Hilflosigkeit und meinem Erstaunen segnete ich ihn. Ich legte ihm die Hände auf und bat Gott um Kraft und Stärke, um Vertrauen und um seinen Segen. Dabei sagte ich: »Der gütige und barmherzige Gott segne dich. Er erfülle dich mit seiner Liebe und mit seiner Kraft. Er schenke dir Einsicht und Weisheit des Herzens. Er stärke dich in deiner Not und befreie dich von allem Leid des Leibes und der Seele. Seine heiligen Engel sollen dich auf deinen Wegen begleiten, und unter dem Schutz des Allmächtigen sollst du geborgen sein.« Dann zeichnete ich das Zeichen des Kreuzes über ihn und hob den Knieenden vom Boden auf. Tränen liefen ihm über die Wangen.

Er sagte: »Sehen Sie, ich glaube nicht an Gott. Ich habe lange nicht gebetet. Ich weiß nicht, ob es einen Gott gibt, der mich beschützt. Aber ich sehne mich so sehr nach einem Segen.« Dieser suchende und kranke Mensch hat mich berührt. Die Not und die Krankheit haben ihn wahrscheinlich zu seinen tiefsten Gefühlen und zu seiner innersten Sehnsucht geführt. Er hat seine eigenen Grenzen übersprungen und sich einer Wirklichkeit zugewendet, die gläubige Menschen Gott nennen. Er selbst konnte wahrscheinlich diese Sehnsucht nur in seiner Not und durch seine Krankheit ausdrücken.

Oft ist es so, dass Menschen in Notsituationen zu ihrer Sehnsucht finden. Sie wissen nicht, dass sie immer in der Liebe Gottes geborgen sind, aber sie ahnen, dass es über alle Grenzen und über alles Leid hinaus etwas geben muss, das Hilfe und Stütze gibt.

Segnen heißt, etwas Gutes sagen. Die Botschaft der Liebe und Güte Gottes verwandelt die Seele und den Leib. Natürlich braucht dieser Mann kompetente medizinische und therapeutische Hilfe. Aber was er vor allem braucht, ist die Erfahrung des Getragen- und Geborgen-Seins in Gott.

Wir können fast an allen Orten und zu allen Zeiten segnen, wenn wir uns selbst zu Gott hin öffnen und durchlässig werden für die Gnade und den Segen, die von Gott her durch uns auf andere Menschen und Dinge kommen.

In diesem Sinn wird jedes gute Wort zum Segen. Wenn wir es mit heiligen Zeichen und Gesten verbinden, die für den anderen verständlich sind, dann ist dieser Segen umso heilsamer.

Geborgen sein auch im Sterben

Ich war mit dem Zug von Salzburg nach Frankfurt unterwegs, um dort an einem Seminar teilzunehmen. Unterwegs musste der »Intercity« wegen eines Schadens an einer Weiche, die sich nicht öffnete, sieben Minuten Verspätung in Kauf nehmen. Als ich in Frankfurt den Zug verließ, suchte ich mir einen Weg durch die große Bahnhofshalle. Viele Menschen hasteten vorüber, manche standen in Gruppen beieinander oder wollten sich in irgendeinem Geschäft etwas kaufen. Als ich – mit sieben Minuten Verspätung – eilig durch die Halle ging, wurde ich durch einen lauten Ruf auf ein paar Leute aufmerksam, die vor mir standen: Zwei Penner oder Obdachlose beugten sich über einen Dritten.

Der eine rief immer wieder ganz laut: »Der stirbt, der stirbt.« Der Mann, um den es sich handelte, war unmittelbar vorher zusammengebrochen.

Ich ging auf die drei Männer zu. Mit meiner Erfahrung in der Notfallversorgung sah ich, dass es hier wirklich um einen Sterbenden ging. Deshalb forderte ich den einen, der dabeistand, auf: »Schnell, holen Sie einen Arzt und einen Krankenwagen!« – und kniete mich neben dem sterbenden Mann nieder.

»Ich bin ein katholischer Priester«, sagte ich zu ihm. Der schaute mich mit offenen, Hilfe suchenden Augen an. Dann rannen plötzlich Tränen über seine Wangen und er flüsterte: »Jeden Tag meines Lebens habe ich mir gewünscht, dass einmal, wenn ich sterbe, einer da ist, der mit mir betet.«

Auch mir liefen die Tränen herunter. In der rechten Hand hielt ich seinen Kopf und in der anderen seine schweißnassen Hände.

Dann begann ich, mit ihm zu beten: »Vater unser im Himmel ... Dein Wille geschehe ... Dein Reich komme.« Ich sah die flüsternden Lippen des Mannes und seine Tränen der Dankbarkeit – und während er leise flüsternd mit mir das Gebet sprach, verstarb er.

Fünf Minuten später waren ein Arzt und der Krankenwagen da, aber der Arzt konnte nur noch den Tod feststellen.

Die Polizei wurde gerufen, ein Leichenwagen wurde bestellt. Ich selbst habe nur noch den Namen des Verstorbenen erfahren – und habe ihn mir gemerkt, ebenso wie den Todestag, an dem ich jedes Jahr an diesen Mann denke. Er war ein Obdachloser, einer, der sein ganzes Leben lang auf Wanderschaft gewesen ist. Wahrscheinlich hat man ihn in einem Armengrab irgendwo beerdigt. Ich war sehr berührt von diesem Ereignis, von diesem Tod, von diesem Sterben – und von dem einen Satz des Mannes: »Jeden Tag meines Lebens habe ich mir gewünscht, dass einmal, wenn ich sterbe, einer da ist, der mit mir betet.«

Ich kam damals sieben Minuten zu spät in Frankfurt an, aber es war genau die richtige Zeit. Zufall? Ich glaube, dass es ein Geschenk Gottes gewesen ist, ein heiliges Handeln, ein Zeichen seiner Güte und Barmherzigkeit. Er hat das Gebet, den täglichen Wunsch des Mannes erhört. Als er hinüberging in die Ewigkeit, hatte er die Worte des Vertrauens auf seinen Lippen: »Vater unser im Himmel ...«

Niemand hatte wohl gewusst, dass hier ein Mensch starb, der in einer Gottesbeziehung lebte. Vielleicht war diese Gottesbeziehung nur ein Wunsch, ein Gedanke. Aber sie war da – dieses Urvertrauen hat den Menschen ein Leben lang getragen.

Viele sterben einsam und verzweifelt, darunter auch Menschen, die täglich gebetet haben. Für mich aber war der tägliche Wunsch des Obdachlosen in Frankfurt ein Ausdruck seiner Gebetsbeziehung gewesen. Sein Leben, seine Sehnsucht, sein Wunsch haben sich in der letzten Stunde erfüllt.

Diese Erfahrung gibt mir Vertrauen, ohne Unterlass zu beten.